Miriam Fuchs · Dirk Bartschat

DIE ULTIMATIVE BUCKET LIST FÜR DEN Harz

Alle Dinge, die Du hier einmal im Leben getan haben musst

BRUCKMANN

Inhalt

Ein Herz für den Harz

Willkommen in unserer Lieblingsregion! Sie wird dich überraschen

Was Harzer, Harz-Liebhaber und solche, die es werden wollen, unbedingt gesehen oder erlebt haben sollten? Wir haben versucht, genau das in diesem Buch zusammenzufassen. »Versucht« deshalb, weil es kaum möglich ist, die Besonderheiten, den Themenreichtum und die vielen unterschiedlichen Interessen in nur 60 Kapiteln auf den Punkt zu bringen. Die Entscheidung fiel schwer. Unser Herz schlägt für unsere Heimat, und so könnte die Bucket List gleich mehrere Bücher füllen. Mithilfe von Freunden und Harzfans ist schließlich eine lebendige, bunte Auswahl entstanden, die der Vielfalt der magischen Gebirgswelt gerecht wird.

Von Highlights bis Geheimtipps, von Windbeuteln bis Wanderwegen – erfahre, was alles dazugehört, damit du den Harz umfassend kennenlernst. Und ob du nun Harzer bist oder »nur« Urlauber: Mit unseren spannenden Geschichten, interessanten Informationen und hilfreichen Tipps kannst du dich bestens auf deine nächsten Ausflüge vorbereiten und findest sicherlich einige neue oder andere Einblicke in unsere Lieblingsregion.

Lautlos durch die Baumwipfel schweben, majestätische Schätze entdecken, Kurioses rund um Mausefallen und stille Örtchen erfahren, in die geheimnisvolle Unterwelt abtauchen und lokales Bier kosten – auf den folgenden Seiten zeigen wir dir, was du nicht verpassen solltest, um ein Harzfan zu werden. Wir wünschen dir, deiner Familie und deinen Freunden viel Freude bei euren Entdeckungen. Und lasst eurer Begeisterung für die Region ruhig freien Lauf. Wir freuen uns über jeden, dessen Herz für den Harz schlägt!

Herzlichst
Miriam Fuchs und Dirk Bartschat

Indian Summer im Harz – nur ein Punkt auf deiner Bucket List

Sonnenuntergang auf dem Brocken – magisch

1

Mystisch und magisch: der Brocken

Der höchste Harzgipfel mit seiner einzigartigen Geschichte ist einfach ein Besuchermagnet – zu Recht.

Wie viele Harzer gibt es, die den höchsten Gipfel ihrer Region noch nie bestiegen haben? Sicherlich mehr als Touristen, denn für die meisten Urlauber gehört ein Besuch auf dem Brocken dazu. Zu Recht. Die kahle Brockenkuppe, deren Vegetation durch das raue Klima vergleichbar ist mit der auf 2000 Höhenmetern in den Alpen, ist das Wahrzeichen des Harzes. Bereits von Weitem ist dieser Berg zu sehen, auch wenn Schweizer ihn wegen seiner überschaubaren Höhe von 1141 Metern wohl eher als Hügel bezeichnen würden.

Einen Sonnenaufgang auf dem Brocken zu erleben, ist ein unvergessliches Erlebnis. Schon die Wanderung durch die Dunkelheit und die Geräusche der langsam erwachenden Natur werden zum Abenteuer. Je nach Wetterlage sorgen Wolken und Nebel für eine außergewöhnliche Stimmung. Wenn die Sonne dann die zu Füßen liegende Landschaft in Orange- und Rottöne

Besuchermagnet Brockenhaus

taucht, ist der Gänsehautmoment perfekt. Ähnlich eindrucksvoll ist es auch bei einer sogenannten Inversionswetterlage: Ist es im Tal kälter als auf dem Gipfel, dann bildet sich unterhalb eine Nebel- und Wolkenschicht. Auf dem Brocken selbst überblickt man bei strahlendem Sonnenschein ein weites Wolkenmeer. Als Harzer haben wir den Vorteil, dass wir einen Brockenaufstieg je nach Wettervorausschau sehr kurzfristig planen können.

Haus mit Geschichte(n) und seltene Pflanzen

Dass der Brocken 28 Jahre lang sowjetisches Sperrgebiet war und gleichzeitig ein Symbol der deutsch-deutschen Trennung, wissen jüngere Menschen nur aus Erzählungen und dem Geschichtsunterricht. Bei einem Besuch im Brockenhaus wird dieser Teil der Geschichte lebendig. In der ehemaligen Abhörstation der Stasi wird die Besatzungszeit anschaulich in einer Dauerausstellung gezeigt. Übrigens sind auch an vielen weiteren Orten im Harz entlang des »Grünen Bandes« Überreste der originalen Grenzanlagen als Mahnmale erhalten.

Der Brocken gehört zur Kernzone des Nationalparks Harz. In vielen Bereichen ist die Natur hier sich selbst überlassen und eine ursprüngliche Waldwildnis entsteht. Auf der Bergkuppe befindet sich schon seit 1890 der Bro-

Auf den Spuren der Stasi

ckengarten. Harzfans lernen alpine Pflanzen der ganzen Welt kennen, wie die Tibetaster, die Felsenakelei aus den Rocky Mountains oder die Einblütige Pantoffelblume aus Patagonien, auch ohne die Hochgebirge der Welt besucht zu haben. Einzigartig wie unsere Region sind auch die Brockenanemone oder das Brockenhabichtskraut, die nur hier auf dem höchsten Harzer Gipfel vorkommen.

INFOS

GUTE AUSSICHT: Bei klarem Wetter und mit einem Fernglas hast du die Region im Blick, mit dem Schloss Wernigerode, dem Feuerwehrhaus in Osterwieck oder der Stadt Salzgitter.

BROCKENGESPENST: Riesig und wie ein fremdes Wesen wirkt der Schatten des Betrachters, wenn er auf eine Nebel- und Wolkenschicht fällt. Eine seltene optische Täuschung, die verblüfft.

1141 oder 1142 m? Bereits 1850 wurde die heute offizielle **HÖHE** von 1141,2 m festgestellt. Das frühere Maß von 1142 m wurde am Brockenstein auf dem Gipfel verewigt.

Laut, verhext und mitreißend: Walpurgis mit der Wolfshäger Hexenbrut

2

Teuflische Zeiten

In echten Harzern schlägt ein verhextes oder teuflisches Herz – vor allem zur Walpurgisnacht, dem wilden Fest der Gruselgestalten.

Stelldichein der Hexen zur Walpurgisnacht

Im Harz sind sie allgegenwärtig, die Hexenpuppen und Teufelsfiguren. Vom Hexenknüppel über das Harzer Fegefeuer bis hin zum Hexenbrot und Teufelssenf – auch kulinarische Angebote sind geprägt von dieser Tradition. Hexenführungen und Wanderungen mit der Kräuterhexe werden angeboten. Was seit über 100 Jahren touristisch vermarktet und gern auch kitschig vermittelt wird, hat einen eher bedrückenden Hintergrund. Vor mehr als 400 Jahren wurden Menschen aufgrund ihrer scheinbar teuflischen Fähigkeiten verfolgt. Kräuterfrauen und Heiler fanden in den Hexenprozessen unschuldig den Tod. Bereits im 16. Jahrhundert wurde der Brocken als Hexenversammlungsplatz beschrieben. *Blockes-Berges Verrichtung* von Johannes Praetorius (1668) und Goethes *Faust. Eine Tragödie* (1808) machten den Brocken als Hexenberg und die Walpurgisnacht, die erstmals zum 1. Mai 1896 auf dem Brocken gefeiert wurde, populär.

Hexeneinmaleins

»Du musst verstehn! Aus Eins mach' Zehn, und Zwei lass gehn …« Das ist der wohl bekannteste Zauberspruch aus dem *Faust* und gehört bei den meisten Walpurgisfesten dazu. Fast könnte man glauben, dass das Hexeneinmaleins hier in der Region schon in der Grundschule gelehrt wird. Generell gibt es viele Traditionen im Harz, die lebendig gehalten werden, und die Walpurgisnacht ist wohl die bekannteste. Mit Hakennase, Warzen im Gesicht, Teufelshörnern oder Zauberhüten geht es am 30. April zur Feier. Je wilder, desto besser. Was in Köln der Karneval, ist im Harz die Walpurgisnacht. Ausgelassen geht es in fast jedem Ort zu. Nur nicht auf dem Brocken, denn der gehört zum Schutzgebiet des Nationalparks. Kleine, traditionelle Feiern oder riesige Partys mit Livemusik und Lichtershow – in der Walpurgisnacht sind Tausende Menschen unterwegs und es gibt kein Halten. Als Harzfan muss man diese verrückte Nacht wenigstens einmal miterlebt haben, wenn mit gruselig-mystischen Masken getanzt, gelacht und gezaubert wird.

Auch wenn Größe und Ausrichtung sich unterscheiden, der Ablauf ist traditionell vorgegeben: Um Mitternacht erscheint der Oberteufel und begrüßt mit der Maienkönigin den Mai und den Frühling. Die Feier ist damit jedoch meistens noch lange nicht vorbei. Und wem der Hexenspuk einmal im Jahr nicht genug ist, der schließt sich einfach der Wolfshäger Hexenbrut an, denn die wilde Truppe aus Wolfshagen im Harz lässt sich das ganze Jahr über etwas einfallen. wolfshaeger-hexenbrut.de

INFOS

FEIERLAUNE: Eine Übersicht der Walpurgisfeste im Harz für alle Feierlustigen erstellt alljährlich der Harzer Tourismusverband, harzinfo.de.

IM SCHATTEN DER HEXEN heißen die Crime-&-History-Romane der Mystery-Reihe von Autorin Kathrin R. Hotowetz. Sie lassen die Geschichte lebendig werden.

Die Tradition der **OSTERFEUER**, zu dem Meiler aufgeschichtet und Besucher mit Ruß geschwärzt werden, ist zum Ende des Winters vor allem im Oberharz lebendig.

3

Unter Dampf

Sie sind beliebte Fotomotive und gleichzeitig Teil des öffentlichen Verkehrs. Die Harzer Schmalspurbahnen verbinden Menschen in der Region.

Wenn an der Westerntorkreuzung in Wernigerode die Ampel auf Rot schaltet, dann nicht immer zur Freude der Verkehrsteilnehmer. Denn wer es eilig hat, wird die Langsamkeit der HSB – Abkürzung für Harzer Schmalspurbahnen – schon das eine oder andere Mal verteufelt haben. Mit 20 bis 40 Stundenkilometern zuckeln die Züge durch den Harz. Vor einer Ampel oder Schranke kommt Spannung auf: Bekommt man eine der eindrucksvollen Dampfloks zu Gesicht oder »nur« einen ebenfalls auf den Strecken eingesetzten Triebwagen? So oder so, die Züge, die auf rund 140 Kilometern Streckennetz den Harz von Nord nach Süd durchqueren, sind aus der Region nicht wegzudenken. Entsprechend gehört eine Fahrt mit den Harzer Schmalspurbahnen definitiv zu den Dingen, die man hier einmal gemacht haben muss.

Brocken-, Selketal- oder Harzquerbahn

Die bekannteste Route ist die der Brockenbahn von Drei Annen Hohne über Schierke bis zum Brocken. In

Mit Volldampf auf den Brockengipfel

Dampflok-Romantik

der Regel werden hier Dampfloks eingesetzt, was die Strecke zusätzlich attraktiv macht. Zudem beschert der Brocken als höchster Harzgipfel dieser Fahrt auch etwas Exklusives. Kürzer und günstiger hingegen ist das Dampflokerlebnis nach Drei Annen Hohne bei einer Fahrt mit der Harzquerbahn von Wernigerode aus mit Durchfahrt des einzigen Tunnels des Streckennetzes.

Ein weiterer Geheimtipp unter Harzern und Bahnliebhabern ist die Selketalbahn. Von Quedlinburg oder Gernrode geht es über Alexisbad, Harzgerode, Stiege und Hasselfelde bis Eisfelder Talmühle. Mehrmals am Tag fahren auch hier auf Teilstrecken die dampfbespannten Züge. Mit etwas Glück ist am Bahnhof in Alexisbad sogar eine Doppelausfahrt zu erleben.

Die dritte im Bunde ist die bereits erwähnte Harzquerbahn, die von Wernigerode bis nach Nordhausen im Südharz führt. Wer in der Gegend wohnt, kennt die Triebwagen der HSB auch unter dem Namen »Quirl«. Zwischen Ilfeld, Niedersachswerfen und Nordhausen sind sie ein wichtiges Transportmittel für Berufspendler oder Schüler.

Besonderes für Dampflokfans

Wem eine einfache Fahrt mit der Harzer Schmalspurbahn als nostalgisches Erlebnis nicht ausreicht, der kann das noch steigern: Im Schienencabrio lässt

Solide Technik, die begeistert

sich »oben ohne« im gemütlichen Tempo die Landschaft noch besser entdecken und fotografieren. Bei einer Führerstandsmitfahrt schaut man dem Lokführer über die Schulter. Und in einem gleich mehrtägigen Programm mit Theorieeinheiten, Werkstattführung, Lokvorbereitung, Rangierfahrten und vielem mehr kann man sogar den Ehrenlokführerschein absolvieren.

INFOS

FAHRPLÄNE, TARIFE: Auf hsb-wr.de sind alle Informationen zu Fahrplänen, Beförderungsbedingungen etc. zu finden.

Am Bahnbetriebsgelände der Harzer Schmalspurbahnen in Wernigerode können ab Sommer 2022 Interessierte von einer Besuchergalerie aus einen Blick in die neue **GLÄSERNE DAMPFLOKWERKSTATT** werfen. Für Gruppen werden Werkstattführungen in der alten Fahrzeugwerkstatt am Westerntor angeboten, wo die tägliche Instandsetzung der Loks und Wagen erfolgt.

Vom **ESELSKRUG** aus, der ältesten Gastwirtschaft Wernigerodes, lassen sich die Züge bei der Ausfahrt beobachten. eselskrug.de

4

Mit dem Ranger auf Tour

Insiderwissen und Einblicke in die sagenumwobene Bergwildnis, die heimische Tier- und Pflanzenwelt sowie in den Waldwandel

NATIONALPARK VERWALTUNG
HARZ

Dynamik des Waldwandels

Der Nationalpark Harz lebt das Motto »Natur Natur sein lassen« und steht vor allem in der jetzigen Zeit oft in der Kritik. Denn angesichts der Situation in den Wäldern blutet vielen das Herz: Abgestorbene Fichten lassen vielerorts große Areale aus grauen, kahlen Stämmen entstehen und machen den Klimawandel sichtbar. Trockenheit, Monokultur und Borkenkäfer sorgen für einen rasanten Waldwandel – und für viel Spekulation und Irrglauben. Insiderwissen und Informationen aus erster Hand, sowohl zur aktuellen Entwicklung als auch generell zur Natur im Harz, sind bei einer Rangertour zu erfahren. Ein »Muss« für jeden, der als Harzkenner mitreden möchte.

Winzige Tiere, unscheinbare Pflanzen

Ein Nationalpark-Ranger ist fast schon ein wandelndes Lexikon. Unglaublich, wie viele Details die jungen und älteren Ranger über die Region wissen, die sich durch die Höhenlagen und damit die verschiedenen Klimazonen auszeichnet. Der »nur« 1141 Meter hohe Brocken hat aufgrund seiner Alleinlage in der norddeutschen Tiefebene ein Klima wie die Alpenregion auf 2000 Metern Höhe. Tausende Pflanzenarten, Pilze, Insekten, Wild und vieles mehr haben im Nationalpark ihre Heimat gefunden.

Mit einem Nationalpark-Ranger entdeckst du auch die kleinsten Tiere. Er macht auf Ameisen, Schmetterlinge oder auch auf Borkenkäfer in einem abgefallenen Stück Rinde aufmerksam. Nebenbei gibt es Unterricht im Fährtenlesen. Anhand abgeknabberter Fichtenzapfen kannst du beispielsweise erkennen, ob Specht, Maus oder Eichhörnchen sich darüber hergemacht haben. Auch oft übersehene oder unscheinbare Waldbewohner werden bei einer Tour genauer betrachtet. So beispielsweise die Flechten, die die zahlreichen Steins- und Felsformationen besiedeln. Bis zu 50 Jahre brauchen sie, um die Größe eines Fingernagels zu erreichen. Bei dem Blick auf eine vermoost wirkende Klippe sorgt dieses Wissen für Ehrfurcht vor der Natur.

Wald im Wandel

Das Ziel der Nationalparkidee ist es, hier wieder eine Art Urwald entstehen zu lassen. Somit wird nur in wenigen Teilbereichen eingegriffen, stattdessen bleibt die Natur sich überwiegend völlig selbst überlassen. Häufig hört man, dass dies die Borkenkäferplage verstärken würde. Doch im Totholz sind keine Borkenkäfer aktiv, es bietet vielmehr Schutz und Nährstoffe für junge Pflanzen und Tiere. Wie dynamisch sich ein Wald entwickelt, wenn er von Menschen unbeeinflusst bleibt, kannst du auf dem Urwaldstieg etwas unterhalb der Brockenkuppe entdecken. Nach und nach entwickelt sich im Nationalpark ein für den Harz ursprünglich typischer Wald. Die Initiative »Der Wald ruft« informiert u. a. mit Fotospots zum Waldwandel.
harzinfo.de/derwaldruft

INFOS

NATIONALPARK HARZ: 2006 fusioniert aus den Nationalparks Hochharz (Sachsen-Anhalt, 1990) und Harz (Niedersachsen, 1994). Umfasst etwa 10 Prozent des Harzes. nationalpark-harz.de

BAUSTELLE NATUR: Unter dem Motto »Hier baut die Natur die neue Wildnis« sind auf der Strecke von Schierke zum Brocken mehrere Themeninseln installiert, die den Waldwandel erklären.

TIERE SEHEN: Wildtierbeobachtungsstationen und auch geführte Touren machen eine Begegnung mit Hirsch, Wildschwein, Luchs und Co. möglich.

5

Wo Luchse schleichen

Das neue Wappentier der Region

Seit einigen Jahren sind sie in unseren Wäldern wieder zu Hause, die eindrucksvollen und majestätischen Luchse. Europas größte Wildkatze mit ihren markanten Pinselohren und dem Stummelschwanz hat viele Herzen erobert. Obwohl mittlerweile rund 90 Luchse frei im Harz leben, ist eine Begegnung mit den Tieren eher selten. Trotzdem: Einem Luchs einmal in die Augen zu schauen, gehört einfach für einen echten Harzer dazu.

Gelegenheit dazu hast du beim Luchsgehege an den Rabenklippen in Bad Harzburg, wo in einem großen, naturbelassenen Areal mehrere der Tiere eine Heimat gefunden haben. Von einer Aussichtsplattform kannst du sie beobachten. Mittlerweile sind sie Besucher gewöhnt und so bekommt man sie fast immer zu Gesicht.

Das Luchsgehege ist vom Burgberg aus in einer einstündigen Wanderung oder von Mai bis Oktober per Bus zu erreichen. Den Blick von den Rabenklippen zum Brocken solltest du auch nicht verpassen, ebenso wenig eine gemütliche Einkehr in der Waldgaststätte nebenan. nationalpark-harz.de

Majestätisch und beeindruckend: der Luchs

6

Unter Tage

Bereits vor mehr als 3000 Jahren wurden am Rammelsberg Kupfer- und Bleierze abgebaut. Folge den Spuren der Bergleute!

Die frühere Schatzkammer Goslars: der Rammelsberg

Mit dem Kehrrad wurde das Erz zu Tage befördert

Der traditionelle Bergmannsgruß: »Glück Auf!« – kurz: »Auf!« – gehört in den Harz wie das »Moin« an die Küste. Jahrhundertelang wünschten sich die Bergleute so einerseits ertragreiche Erzgänge und andererseits eine sichere Schicht. Denn ihre Arbeit war stets mit Gefahren verbunden. Heute ist ein Besuch unter Tage in den Besucherbergwerken der Region absolut sicher. Und definitiv unverzichtbar, um den Harz wirklich zu kennen.

Das größte der Bergwerksmuseen und Besucherbergwerke im Harz ist der Rammelsberg in Goslar. Seit 1992 steht es zusammen mit der Altstadt von Goslar auf der Liste der Weltkulturerbestätten der UNESCO, 2010 ergänzt durch die Oberharzer Wasserwirtschaft. Die riesige Erzaufbereitungsanlage, das Magazin und die Kraftzentrale bilden einen Teil der großen Übertageanlagen am Fuße des Rammelsbergs.

Enge und Dunkelheit

In der Kaue, dem ehemaligen Umkleideraum der Bergleute und heutigen Startpunkt der Führungen, meint man, gleich kämen die Kumpel zur nächsten Schicht herein. Überall auf dem Gelände, in den Gebäuden und den Stollen wurde möglichst viel im Original erhalten, um den Bergbau so echt wie möglich spürbar zu machen. Eindrucksvoll ist es in der Erzaufbereitungsanlage zwischen den imposanten Maschinen. Im Magazingebäude werden auf drei Etagen Ausstellungen zur Geschichte des Bergbaus am Rammelsberg und das Leben der Bergleute gezeigt. Die Fenster des Gebäudes sind alle abgeklebt, bis auf eine Ausnahme. Im Bereich der Ausstellung zur NS-Zeit und der Zwangsarbeit am Rammelsberg gibt dieses eine Fenster den Blick frei auf Waggons – ein Moment des Schauderns.

Eine »Fahrt« unter Tage gibt es einerseits zu Fuß in den Roeder-Stollen, wo der Altbergbau gezeigt wird, mit riesigen Wasserrädern. Holprig, dafür weniger anstrengend ist die wirkliche Fahrt mit der Grubenbahn und die Führung zum Bergbau im 20. Jahrhundert. Im Bergbau wird stets von »einfahren« gesprochen, auch wenn man zu Fuß geht. Bei einer Abenteuerführung geht es auf eine Zeitreise in das 9./10. Jahrhundert in den Rathstiefsten-Stollen.

Befreiender Weitblick

Wenn du gut zu Fuß bist, dann steig noch hinauf zum Ramseck. Vom Erzbergwerk Rammelsberg aus führt ein schmaler Wanderpfad rund 1,8 Kilometer zum felsigen Aussichtspunkt auf etwa 580 Meter Höhe. Belohnt wirst du mit einem einzigartigen Ausblick über Goslar und das Harzvorland. Besonders schön ist es hier zur Zeit der Rapsblüte. Und dazu bekommst du hier und auch am Rammelsberg gleich noch einen Stempel der Harzer Wandernadel (siehe Kapitel 10).

INFOS

WELTKULTURERBE RAMMELSBERG: Das Museum und Besucherbergwerk ist täglich geöffnet, außer am 24. und 31.12. Führungen finden meist stündlich statt. rammelsberg.de

OBERHARZER WASSERWIRTSCHAFT: Die Teiche und Gräben wurden einst als vorindustrielles Energieversorgungssystem für den Bergbau angelegt. WasserWanderWege und Welterbe-Erkenntniswege vermitteln die Geschichte.

Rund 20 Besucherbergwerke, Bergwerks- und Hüttenmuseen halten die **BERGBAUTRADITION** lebendig. harzinfo.de

7

Köhlerhandwerk

Keine Angst vorm schwarzen Mann

Was über Jahrhunderte hinweg im Harz und in vielen anderen Mittelgebirgen das Landschaftsbild und die Waldbestände prägte, ist heute Seltenheit: eine Köhlerei. In der Harzköhlerei Stemberghaus bei Hasselfelde, betrieben in der zweiten Generation, kannst du den Köhlern bei ihrer Arbeit zuschauen.

»Gut Brand« ist des Köhlers Gruß. Mühevoll werden in Hasselfelde noch wie vor 100 Jahren traditionelle Erdmeiler aufgeschichtet, abgekohlt und geerntet und so jährlich rund 50 Tonnen reine Buchenholzkohle produziert. Das Museum schildert die besondere Leistung und die Geschichte dieses Handwerks mit seinen schwierigen Lebensbedingungen. Ein Stück Harzer Kohle kannst du im Laden erwerben und dich in der Köhlerhütte ordentlich stärken. Dieses Handwerk gehört zum Immateriellen Kulturerbe der UNESCO und ist in Hasselfelde eindrucksvoll zu erleben. Auf dem sechs Kilometer langen Köhlerweg von Hasselfelde bis zur Harzköhlerei bekommt man zusätzlich anschauliche Erklärungen. harzkoehlerei.de

In Hasselfelde wird Holzkohle noch traditionell hergestellt.

Anschauliche Reise
in die Vergangenheit

8

Rendezvous mit unseren Vorfahren

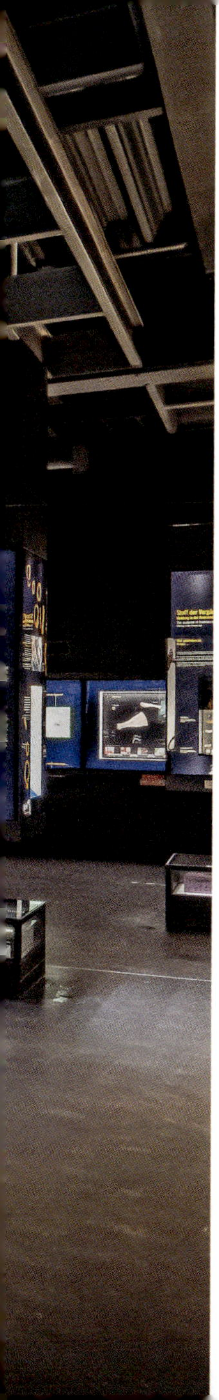

So eine verblüffende Ähnlichkeit! Besuche unsere Urahnen im HöhlenErlebnisZentrum in Bad Grund.

Es ist schon schier unglaublich, was die moderne Wissenschaft heute belegen kann. Anhand von DNA-Analysen von Knochenfunden aus der Lichtensteinhöhle, gut 15 Kilometer vom Höhlenerlebniszentrum in Bad Grund entfernt, wurden erstmals Verwandtschaftsbeziehungen einer frühgeschichtlichen Menschengruppe genetisch bewiesen. Die Höhle war das Grab eines bronzezeitlichen Familienclans, von dem noch 57 Mitglieder fast 3000 Jahre nach ihrem Tod identifiziert werden konnten. Damit nicht genug. Dank der DNA-Analysen wurden sogar heute lebende vermutliche Nachfahren der »Lichtensteiner« ausfindig gemacht. Die Forschungsergebnisse der Universität Göttingen werden seit 2008 im archäologischen Museum, das bis Ende 2022 erweitert wird, multimedial präsentiert. Allein die genetischen Analysen erinnern an einen Krimi.

Zudem wurden anhand der Überreste und forensischer Verfahren drei Familienmitglieder rekonstruiert.

Die Ähnlichkeit zum heutigen Menschen wird dich verblüffen. Die echte Lichtensteinhöhle ist nicht öffentlich begehbar. Stattdessen kannst du im Museum durch einen originalgetreuen Nachbau des Höhlengrabs krabbeln. Wer Enge nicht so mag, wird dankbar sein, die Höhle nur in diesem Modell zu begehen. Kinder haben viel Freude in diesem besonderen Versteck.

Vom Äquator in den Harz

Doch es gibt hier noch weit mehr. Die Iberger Tropfsteinhöhle, Schauhöhle seit 1874, entführt in die märchenhafte Welt der Stalagmiten und Stalaktiten. Viele Harzer werden sich an ihre Kindheit erinnern, als sie mit leuchtenden Augen den Geschichten über Zwerg Hübich und die versteinerte Schildkröte lauschten. Auch heute ist die Höhle ein Besuchermagnet. Bei einer Führung wird ihre faszinierende Entstehungsgeschichte anschaulich erklärt. Als Verbindung vom Museum zur Tropfsteinhöhle wurde ein rund 160 Meter langer Stollen ins Gebirge getrieben. Hier informiert eine atmosphärische Ausstellung über ein »Riff auf Reisen«: Denn die Ursprünge des Ibergs liegen 385 Millionen Jahre zurück und rund 9000 Kilometer entfernt. Er entstand als Korallenriff südlich des Äquators bei Madagaskar und wurde durch die Kontinentalverschiebung und die Auffaltung des Harzes zum heutigen imposanten Kalkmassiv. In detailreichen Versteinerungen wirst du die Meeresbewohner uralter Zeiten entdecken können.

Am Erlebniszentrum beginnt auch der Karstwanderweg Südharz. Eine Wanderung zum Iberger Albertturm mit rustikaler Einkehr kann deinen Höhlenbesuch abrunden. Deinen Ausflug kannst du gut mit einem Besuch im nahe gelegenen WeltWald Harz (Kapitel 36) kombinieren.

INFOS

HÖHLENERLEBNISZENTRUM: Iberger Tropfsteinhöhle Bad Grund. Ein Besuch im Museum und in der Höhle ist ganzjährig möglich. Führungen werden regelmäßig angeboten. Hunde sind nicht erlaubt. Infos und Öffnungszeiten: hoehlen-erlebnis-zentrum.de

In der Höhle ist es beständig kühl bei 8 °C. Festes Schuhwerk und robuste, warme **KLEIDUNG** werden empfohlen.

FLEDERMÄUSE nutzen Höhlen gern als Winterquartiere. Um diese gefährdeten Tiere zu schützen, sind Besuche in nicht erschlossenen Höhlen tabu.

Mystisches Höhlenerlebnis

Ähnlichkeit vorhanden: unsere Vorfahren aus der Bronzezeit

»Sprechende« Fachwerkhäuser in Osterwieck

9

Malerisches Osterwieck

Fachwerk mit Botschaften

Goslar, Wernigerode, Quedlinburg und Stolberg – die romantischen Fachwerkstädte in unserer Region, teils UNESCO-Welterbestätten, kennst du sicher. Und Osterwieck? Rund 400 Fachwerkhäuser, überwiegend liebevoll saniert, geben der kleinen Stadt am Fallstein im Nordharz ihre besondere Atmosphäre. Das allein ist nicht genug. Etwa 40 der Häuser zeigen Inschriften mit klaren Botschaften aus der Reformationszeit. So verliehen die Bürger von Osterwieck vor rund 500 Jahren ihrem Glauben Ausdruck. Das vermutlich älteste Gebäude stammt von 1450 und befindet sich in der Kapellenstraße.

Die Vielfalt der Häuser zeigt sich in den Baustilen: von Gotik über Renaissance, Barock, Klassizismus bis hin zum niedersächsischen Fachwerkstil ist alles zu sehen, Details werden bei Stadtführungen erklärt. Einige Bauten warten noch auf ihre Liebhaber.

Osterwieck liegt – wen wundert's – an der Deutschen Fachwerkstraße. Wenn du noch tiefer eintauchen möchtest in die Besonderheiten des Fachwerkbaus, dann erhältst du im Fachwerkmuseum im Ständerbau in Quedlinburg ausführliche Informationen.

10

Wanderkaiser

Wer den Harz kennen will, sollte ihn zu Fuß erobern. Wer dabei an den schönsten Ecken und Plätzen fleißig Stempel sammelt, wird Wanderkaiser.

Stempel dich zum Wanderkaiser.

Wann bist du das letzte Mal durch den Harz gegangen? Die faszinierende Natur mit ihren mystischen Felsformationen, wildromantischen Tälern, bunten Bergwiesen und Gipfeln mit beeindruckender Aussicht: Was Tausende Urlauber alljährlich in die Region lockt, wird von Harzern gern mal übersehen. Über 8000 Kilometer Wege sind ausgeschildert. Von der kurzen, familienfreundlichen Runde bis hin zum Fernwanderweg über 100 Kilometer oder mehr ist alles möglich. Ruhe, Natur und Wildtierbeobachtungen sind dir sicher.

Die Krönung

Seit einigen Jahren ist das Stempelfieber ausgebrochen und immer mehr Menschen streben nach dem Titel des »Wanderkaisers«. Die 222 Stempelstellen der Harzer Wandernadel stehen sowohl an bekannten Routen als auch an eher verwunschenen, wenig beachteten Plätzen (harzer-wander nadel.de). Diese abzugehen adelt dich zum echten Harzkenner. Und das Schönste: Das Stempelfieber packt die ganze Familie. So lassen sich auch die Kids fürs Wandern begeistern und Erinnerungen an öde Schulausflüge verblassen schnell. Bereits ab acht unterschiedlichen Stempeln kannst du dich mit einem Abzeichen – der bronzenen Wandernadel – schmücken.

Seele baumeln lassen

Ideen für die Routengestaltung findest du auch dank der zahlreichen Themenwanderwege. Der Harzer Baudensteig im Südharz beispielsweise führt auf knapp 100 Kilometern von Bad Grund bis Walkenried. Er verbindet neun Waldgaststätten und Bauden, von denen jede für sich schon einen Ausflug wert ist. Auf dem Burgberg in Bad Harzburg laden mehrere Stationen des Besinnungswegs zum achtsamen Sein in der Natur ein. Mystisch wird es auf dem Mythenpfad in Thale, wo dir einige Fabelwesen als Kunstwerke begegnen.

Eine Auszeit im Harz? Warum nicht! Mit den verschiedenen Angeboten für »Wandern ohne Gepäck« kannst du ganz bequem zu einer mehrtägigen Wandertour durch die Region starten. wandern-im-harz.de

Aber Achtung!

Die Wanderwege werden, überwiegend vom Harzklub, sehr gut ausgeschildert. Dennoch ist gerade bei längeren Routen eine detaillierte Planung sinnvoll, damit die Höhenmeter dich nicht überraschen. Das wechselhafte Wetter im Harz ist bekannt, insbesondere in den Höhenlagen. Daher dürfen feste Schuhe, eine Regenjacke und Klamotten im »Zwiebellook« nicht fehlen. Etwas Marschverpflegung ist gut – Müll bitte mit nach Hause nehmen. Einige Wanderwege sind für Kinderwagen oder Rollstuhlfahrer geeignet.

11

Mystische Felsen

Urige Sandsteinformationen, geheimnisvolle Höhlen und verwitterte Felsen sind der Stoff für viele Harzer Sagen und Geschichten.

Geheimnisvoll: Burgruine Regenstein

Bei einem Streifzug durch das Gebiet unterhalb des imposanten Regensteins bei Blankenburg wirst du einen überraschenden Ort entdecken. Weißer Sand bedeckt den Boden, fast wie ein Strand in der Südsee. Im Mittelalter wurde er als Scheuersand abgebaut. Die in den weichen Sandstein eingearbeiteten Höhlen hingegen sind viele Jahrhunderte älter. Sie wurden in vorchristlicher Zeit von Menschen angelegt und sollen auch als Thingplatz, also als germanische Gerichtsstätte, gedient haben. Die Sandsteinhöhlen im Heers gehören zu den wohl ungewöhnlichsten Plätzen im Harz.

Ritterleben und Teufelspakt

Die Burg und Festung Regenstein zeigt die Überreste einer mittelalterlichen Felsenburg. Wo bis ins 15. Jahrhundert die Regensteiner Grafen lebten und regierten, wird heute die Geschichte des Mittelalters lebendig. Im Freilichtmuseum sind einige der vor Jahrhunderten angelegten Räume noch zugänglich und die verwitterten Felsen dienen als Aussichtspunkte. Mehrmals im Jahr werden Wikinger- oder Ritterfestspiele durchgeführt. Du solltest es nicht verpassen, wie die wilden Horden den Regenstein belagern und einen unglaublich echten Einblick in ihr einstiges Leben geben.

Kennst du die Sage der Teufelsmauer? Der Teufel ging einst einen Pakt mit Gott ein: Wenn er in nur einer Nacht, noch vor dem ersten Hahnenschrei, eine Mauer errichten könnte, dürfte er den Harz sein Eigen nennen. Kurz vor Vollendung des teuflischen Werks kam eine Bauersfrau vorbei, sie war mit einem Hahn auf dem Weg zum Markt. Der Hahn krähte, obwohl noch keine Morgendämmerung in Sicht war. Vor Wut zerschlug der Teufel seine Mauer.

Deren Überbleibsel sind auf rund 20 Kilometern zwischen Blankenburg und Ballenstedt zu entdecken. Immer wieder ragen Felsen aus den Wäldern heraus. Die abenteuerliche Wanderung vom Großvaterfelsen in Blankenburg über den schmalen Kammweg zum Hamburger Wappen bei Timmenrode gehört definitiv auf deine Bucket List. Weniger bekannt ist der Walderlebnispfad Bärenstein in Heimburg, der auch zu geheimnisvollen Sandsteinformationen führt (blankenburg.de).

So mystisch die Felsen auch wirken und so geheimnisvoll ihre Sagen auch sein mögen, die Entstehung war ein ganz natürlicher Prozess. Weichere Gesteinsschichten wurden durch Erosion über Jahrtausende abgetragen und hinterließen die heutigen Schichtrippen. Im Okertal und im Oberharz sind weitere kuriose Felsformationen zu entdecken, die durch die sogenannte Wollsackverwitterung entstanden. Einige Bereiche sind beliebtes Klettergebiet.

Verblüffende Sandsteinhöhlen

Wo einst Ritter hausten

12

Windbeutel

Süß oder herzhaft sind sie die Klassiker im Harz.

Mit Heidelbeeren oder Kirschen, mit Eierlikör oder Schokosoße, mit Lachs oder Harzer Käse – wohl kaum ein Gebäck wird so vielseitig aufgetischt wie der Windbeutel. »Der Windbeutel-König« von Familie Holste an der Okertalsperre ist seit vielen Jahrzehnten für fantasievolle Brandteig-Kreationen bekannt. Die Riesenwindbeutel »Blaue Brocken«, das »Karinchen« oder der »Schwan vom Okersee« verschlagen einem bei der ersten Begegnung die Sprache und lassen zugleich das Wasser im Munde zusammenlaufen. Wer zwei verdrückt, bekommt den dritten umsonst, doch das zu schaffen ist eher unwahrscheinlich. Glücklicherweise können alle Windbeutel auch in Klein bestellt werden und es gibt sogar den »Beutel to go«.

Von der Terrasse und dem Gasthaus aus öffnet sich ein schöner Blick über die Okertalsperre. Hier kehren auch gern Motorradfahrer ein. Mit 20 verschiedenen Varianten hat der »König« wohl die größte Auswahl im Harz zu bieten, auch wenn die beliebten Riesenwindbeutel in vielen weiteren Cafés, wie im Café am Markt in Goslar oder in der Gaststätte Königskrug bei Braunlage, ebenfalls auf der Speisekarte stehen. windbeutel.de

Harzer Klassiker: Riesenwindbeutel

Windbeutel-König: Der Name ist Programm.

Brauerei und Hofladen in Altenau

13

Jahrhundertealte Brautradition

Süffig, kräftig, kultig – das Altenauer Bier

Die letzte mittelständische Brauerei im Harz steht in Altenau. Hier wird die mehr als 400 Jahre alte Tradition der ehemaligen Freien Bergstadt lebendig gehalten. Das kräftige Harzer Dunkel, das naturtrübe Urstoff, das charakterstarke Pilsener oder das süffige Hüttenbier werden ebenso wie weitere Produkte mit Harzer Quellwasser, ausgewähltem Hopfen sowie Gerste von den Feldern des Klosters Wöltingerode gebraut. Mittlerweile gehören die Altenauer Kräuter-»Limmo« oder der »Malz-Trunk« auch zu den alkoholfreien Kultgetränken der Region. Bei einer Führung mit anschließender Verkostung lernst du das Handwerk und die bewegte Geschichte der Brauerei genauer kennen. Wenn du Bierliebhaber bist und dich der Geschmack des Bieres hier überzeugt, dann kannst du Mitglied des Fanclubs werden und damit »Harzer Bierprofi«. Im Hofladen ist das ganze Sortiment erhältlich sowie Spirituosen der Klosterkornbrennerei Wöltingerode und Fruchtweine aus dem Hause Creydt. altenauer-brauerei.de

14

Blaubeerschmand-schnitzel

Fruchtig-herzhaft und traditionell

Im Spätsommer ist Erntezeit für Harzer Blaubeeren, auch Heidelbeeren genannt. Außerhalb der Naturschutzgebiete darfst du die kleinen, süß-säuerlichen Früchte in geringen Mengen für den Eigenbedarf ernten – sehr lecker schmecken sie in Milch und auf Eis! Oder aber als Soße zum traditionellen Harzer Blaubeerschmandschnitzel, das den ersten Preis beim Rezeptwettbewerb harztypischer Gerichte erhielt. Im Restaurant Altes Forsthaus in Braunlage wird das Fleisch mit einer hauseigenen Blaubeerschmandsoße serviert – eine gute Alternative zum Selberkochen.

Hier eine kleine Anleitung zum Nachmachen: Nachdem die Schnitzel in etwas Fett angebraten wurden, kommt ein Teelöffel grüner Pfeffer in den Bratenfond. Dann rührst du Schmand ein, circa 50 ml pro Portion, und lässt alles kurz aufkochen. Abgeschmeckt wird mit Salz und etwas Zucker. Nun noch Blaubeeren nach Geschmack hinzugeben, etwa 80 g pro Portion, und fertig ist die köstliche Soße. Wenn du keine wilden Blaubeeren bekommen kannst, tun es übrigens auch Kulturheidelbeeren. forsthaus-braunlage.de

Harzer Gastlichkeit
im Restaurant Altes
Forsthaus Braunlage

15

Rustikale Bergmannsmahlzeit

Kultveranstaltung unter Tage: das Tzscherper-Essen

Durch den Raum schallt es: »Glück Auf!«, gefolgt von einem Trinkspruch und einem ersten »Schierker Feuerstein«, dem Kräuterlikör. Im schummrigen Licht steht eine üppig gedeckte Tafel. Harzer Wurstspezialitäten und Käse, Schmalz, Gurken, Gehacktes, frisches Brot – eine Auswahl, von der die Bergleute früher kaum zu träumen wagten. Beim Tzscherper-Essen im Schaubergwerk Büchenberg in Elbingerode erwartet dich ein feucht-fröhlicher, stimmungsvoller Abend unter Tage mit Geschichte und Geschichten. Seit vielen Jahren ist diese Veranstaltung Kult und gehört auf die Bucket List für Harzfans. Die namengebenden Tzscherper waren spezielle Messer, die die Bergleute bei der Arbeit stets bei sich trugen und die sie auch als Essbesteck nutzten.

Bei einer Führung durch das Bergwerk werden alte Maschinen vorgeführt und die regionale Bergbaugeschichte kurzweilig vermittelt. Im urigen Tzscherper-Raum wird es anschließend bei Speis, Trank und Harzer Livemusik inklusive dem Steigerlied gesellig – buchbar unter schaubergwerk-elbingerode.de.

Aufgetischt für einen stimmungsvollen Abend

Landschaftspflege
auf Harzer Art

16

Harzer Rotes Höhenvieh

Die rotbraunen Rinder, ein Wahrzeichen der Region, erfreuen sich wachsender Beliebtheit und werden so vorm Aussterben bewahrt.

Vielfalt vom Harzer Höhenvieh bei Brockenbauer Thielecke

Zur Blütezeit des Bergbaus im Oberharz im 16. und 17. Jahrhundert war das robuste und genügsame Harzer Höhenvieh ein beliebter Allrounder: Milchproduzent, Zugtier und Fleischlieferant zugleich. Auch als Harzer Rotvieh bezeichnet, gehören die Tiere zu einer der ältesten Rinderrassen in Europa. Während sie jahrhundertelang für viele Menschen der Region eine wesentliche Lebensgrundlage darstellten, nahm ihre Bedeutung Mitte des 20. Jahrhunderts deutlich ab. Zwar waren sie durch ihre Robustheit und Genügsamkeit bestens an das raue Klima angepasst, für die moderne Milch- und Fleischproduktion aber nicht wirtschaftlich genug. So machten sie in den 1950er-Jahren nur noch ein Prozent des gesamten Rinderbestands in Deutschland aus. In den 60er- und 70er-Jahren wurde die Zucht mit original Harzer Bullen eingestellt, stattdessen setzte man andere Rassen als Vatertiere ein. Das Harzer Rotvieh war vom Aussterben bedroht.

Rückbesinnung

1984 wurden in der Zentralbesamungsstelle in Gießen 60 Portionen Höhenviehsperma entdeckt, ein Glücksfall. Verantwortungsbewusste Züchter fanden 20 Kühe mit 25 bis 50 Prozent Höhenvieh-Blut und legten damit die

Grundlage für den Erhalt der Tierrasse. In Clausthal-Zellerfeld, Düna, Sankt Andreasberg, Tanne und Wildemann wird das Harzer Rote Höhenvieh seit einigen Jahrzehnten wieder gezüchtet. Die agilen und eher leichten Rinder werden auch zur Landschaftspflege eingesetzt und verhindern eine Verbuschung der geschützten Bergwiesen im Oberharz.

Längst hat die Gastronomie die exzellente Fleischqualität der Rinder wiederentdeckt. Harzer Rotes Höhenvieh findest du auf vielen Speisekarten der Region. Da es sich dabei nicht um Massenproduktion handelt, können diese Speisen durchaus auch mal ausverkauft sein.

Bioprodukte direkt vom Hof

Bei einem Besuch bei Brockenbauer Thielecke in Tanne kannst du das Harzer Rote Höhenvieh live erleben. Auf dem familiengeführten Schaubauernhof sind Tiere dieser Rasse zu sehen, wie der stolze Prachtbulle Hannibal. Außerdem werden hier auch Angler Sattelschweine gezüchtet. Und verarbeitet: Die angeschlossene Bio-Fleischerei mit Hofschlachtung bietet ausschließlich selbst produzierte Waren an. Die Haltung der Tiere auf großen Weiden, mit viel Bewegung und frischen Kräutern macht sich im Geschmack und in der Fleischqualität bemerkbar. Im Steakhaus und Hofcafé werden saftige Steaks, klassische Hausmannskost, aber auch Kuchen und Torten serviert. Eine gute und gastfreundliche Adresse, die auf deiner Bucket List nicht fehlen sollte: brockenbauer.de.

INFOS

In Tanne (Sonntag vor Himmelfahrt), Wildemann (Pfingstsonntag), Sankt Andreasberg (Juni) und Schierke (September) wird beim Viehaustrieb oder beim Kuhball die **TRADITION DER HIRTEN** im Harz lebendig.

Der Brockenbauer Thielecke in Tanne und der Biohof Düna wurden als Zuchtbetrieb mit der Regionalmarke **»TYPISCH HARZ«** ausgezeichnet. typisch-harz.de

FUCHS UND ZIEGE: Weitere typische Haustierrassen sind der Hütehund Harzer Fuchs und die braunschwarze Harzziege.

17

Alles Käse?!

Alm-Feeling und Käsegenuss: Die Ziegenalm Sophienhof begeistert seit vielenJahren mit köstlichen Produkten aus eigener Herstellung.

Gemütliche Auszeit

Ein fröhliches Gemecker begrüßt dich auf der Ziegenalm in Sophienhof. Hier bestimmen die schwarzbraunen Harzziegen den Tag. In dem kleinen Ortsteil der Gemeinde Harztor im thüringischen Harz haben Kerstin und Kai Liebig bereits 1999 ihren Traum einer Ziegenzucht und Käserei wahrgemacht. Sie geben 120 Harzziegen eine Heimat und sorgen dafür, dass die Tradition der Ziegenhirten in der Region weiterlebt. Wie auch das Harzer Rote Höhenvieh (siehe Kapitel 16), waren die Ziegen früher für die Harz-Bewohner wichtige Lebensmittellieferanten. Was sich aus ihrer kräftigen Milch zaubern lässt, kannst du hier probieren.

Gute Haltung heißt guter Geschmack

In der Käserei wird die Milch in liebevoller Handarbeit verarbeitet. So entstehen vielerlei Sorten Frisch-, Schnitt-, Räucher-, Weichkäse oder eingelegter Käse. Der Ziegen-Camembert wurde bereits mehrfach offiziell für seine Qualität ausgezeichnet. Im Winter werden die Ziegen im Stall auf Stroh gehalten und mit gutem Heu gefüttert, von April bis November aber sind sie tagsüber auf der Weide – eine Haltung, die sich auf den guten Geschmack der Produkte auswirkt. Allerdings wird nicht ausschließlich Ziegenmilch verarbeitet: Um auch während der sogenannten Trockenstehzeit, einer Regenerationszeit

Ziegenkäse aus eigener Herstellung

für die Ziegen, frischen Käse anbieten zu können, werden zusätzlich Kühe der Rasse Tiroler Grauvieh gehalten und gezüchtet.

Im Hofladen sind die verschiedenen Käsespezialitäten, Hausschlachtwurst von hofeigenen Schweinen oder saisonal auch Wurst von Ziegen, Heidschnucken, Rindern oder Damwild erhältlich. Alles aus eigener Herstellung. In der gemütlichen Almstube kannst du aus zahlreichen Harzer Gerichten wählen. Von Mai bis Oktober finden jeden ersten und dritten Samstag im Monat um 15 Uhr Hofführungen statt, Infos unter ziegenalm.de.

Harzer Käse mit Musik

Der typische Harzer Käse, ein kräftiger, reifer Sauermilchkäse aus Kuhmilch, wird im Großraum Harz von der Breitunger Käserei in Wohlmirstedt und einer Käserei in Gifhorn hergestellt. Als »Harzer Käse mit Musik« gehört er zu den traditionellen Gerichten, die du einmal kosten solltest, zum Beispiel im Restaurant Brumbys in Goslar (brumbys.de). In Essig, Wein und Kümmel eingelegt und später auf frischem Brot mit roten Zwiebeln garniert, entfaltet er sein wahres Aroma. Die »Musik« erklingt allerdings erst eine Weile nach dem Verzehr ... Käseprodukte vom Westerhäuser Käsehof gehören zur Regionalmarke »Typisch Harz«. kaesehof-am-harz.de

Simone Seiboth und Team begeistern für den Senf.

18

Ganz schön scharf

In der Quedlinburger Senfmanufaktur kannst du nicht nur probieren. Hier darfst du auch selbst Hand anlegen und eigenen Senf kreieren.

Harzlich Willkommen
Unsere Klassiker:
→ Meerettich-Senf
→ Quedlinburger Klassik
Senf des

Allerlei Köstlichkeiten

Von süß bis feurig, Senf – auch Mustard oder Mostrich – darf in unseren Haushalten nicht fehlen. In den Küchen echter Harz-Liebhaber findet sich natürlich jener aus der Quedlinburger Senfmanufaktur. Manchmal sogar selbst gemacht, denn bei Simone Seiboth und ihrem Team kannst du ihn probieren, kaufen, aber auch herstellen. In der Senf-Werkstatt offenbart sich ihre Kunst – und nicht nur das: Als Kräuterfrau und Phytotherapeutin probiert Simone Seiboth seit mehr als 15 Jahren leidenschaftlich alte Rezepte und neue Rohstoffe aus.

Aus dem Wald in den Senf

Dabei stehen vor allem natürliche Zutaten auf ihrer Liste, die sie in den Wäldern der Region sammelt. Bärlauch, Giersch, Brennnesseln, Fichten- oder Douglasiensirup geben den mehr als 60 Senfsorten den besonderen Geschmack. Gern werden auch regionale Spezialitäten eingearbeitet, wie Harzer Käse oder das Quedlinburger Bier »Pubarschknall«. Auch Gewürzmischungen, Chili-Pasten und Soßen entstehen in der Harzer Kräuterküche. Viele der Produkte sind ausgezeichnet mit der Regionalmarke »Typisch Harz«.

Als Kräuterfrau vermittelt Simone Seiboth sowohl das Wissen um die Herstellung von Senf als auch zu seiner Wirkung als Würz-, Hilfs- und Heilmittel. Ihr Erotik-Senf kombiniert die aphrodisierende Wirkung des Granatapfels und die verzaubernde der Rose mit mittlerer Schärfe …

Mahlen und mischen

Im ehemaligen Pferdestall eines Saatguthofs in Quedlinburg befindet sich seit 2014 die Gläserne Manufaktur. Mehrmals in der Woche kannst du bei einer Führung den Prozess der Senfherstellung kennenlernen und dabei natürlich auch die eine oder andere Mischung probieren. Vom Rezept bis zum fertigen Glas ist hier alles Handarbeit. »Ärmel hoch«, heißt es dann in der Senf-Werkstatt. Jetzt bist du selbst dran: Die Senfkörner müssen im Mörser gemahlen werden, je feiner, desto feiner wird hinterher auch dein Senf. Ganz nach Geschmack kannst du dann verschiedene Zutaten auswählen, abmessen und anrühren. Deinen persönlichen Senf nimmst du schließlich im Glas mit einem professionellen Etikett nach Hause. Für alle, die das gern zu Hause ausprobieren möchten, gibt es ein DIY-Kit, das praktische Set zum Selbermachen. Auch als Geschenk oder Mitbringsel geeignet! quedlinburger-senf.de

INFOS

Die Delikatessen der Senf-Manufaktur und weiterer regionaler Anbieter sind täglich im **SENF HOFLADEN** (Finkenherd 6) und im **REGIONALLADEN** (Steinbrücke 20) in Quedlinburg erhältlich.

WO DER SENF WÄCHST: Senf, Pfeffer, Ingwer, Bärlauch und viele weitere Gewürze und Kräuter kannst du im Kräuterpark in Altenau entdecken. kraeuterpark-altenau.de

Bei geführten **WANDERUNGEN** lernst du, **WILDKRÄUTER** zu erkennen und zu verarbeiten. Und du erfährst, wo das Sammeln erlaubt ist.

19

Vom Vogel Strauß

Ein Hauch Afrika am Harzrand

Eineinhalb bis zwei Kilo bringt so ein Straußenei auf die Waage, und die sieben Monate alten »Halbwüchsigen« sind erstaunlich stattlich. In der Straußenfarm in Dedeleben züchtet Egbert Krause seit 2005 die größten Vögel der Welt. Drei Straußenfamilien mit insgesamt elf Zuchttieren und ihre Nachkommen sind hier im Harzvorland zu Hause. Sie sind die Ei- und Fleischlieferanten für die kleine, gemütliche Gastwirtschaft der Straußenfarm. Gemeinsam mit seiner Frau bekocht und bewirtet Egbert Krause seine Gäste. Während das Rührei vom Strauß nicht immer erhältlich ist, denn die Tiere haben eine längere Legepause im Winter, gibt es das gute Fleisch in Bioqualität das ganze Jahr hindurch. Steak, Filet oder Geschnetzeltes: Das zarte Muskelfleisch aus der Keule ist ein Gedicht. Auf dem ehemaligen Gelände einer LPG wurde so ein besonderes Ausflugsziel geschaffen. Bei Führungen zeigt Egbert Krause seinen Gästen die stolzen Vögel und erklärt ihre Besonderheiten. straussenfarm-bruch.de

Eindrucksvolle Begegnung mit Vogel Strauß

Herzstück der Hammerschmiede: das Fasslager

20

Harzer Whisky

Für Fans feiner Spirituosen führt kein Weg am kleinen Ort Zorge im Südharz vorbei. Die »Hammerschmiede« ist längst überregional bekannt.

DISTILLED
24.01.2017
CASK No 906
60%
SINGLE MALT

Whiskyproduktion im Harz

Mild, würzig oder holzrauchig-kräftig – Whiskykenner haben einen feinen Geschmack und einen Sinn für die Besonderheiten ihres Lieblingsgetränks. Anna Katharina und Karl Theodor Buchholz gehören dazu und haben 2005 erstmals einen Harzer Single Malt Whisky auf den Markt gebracht. Eine Erfolgsstory und die Geburtsstunde der Hercynian Distilling Co. Neben dem milden »Elsburn«, dem Ursprungsprodukt mit neuem Namen, bilden der fein-würzige »Willowburn«, der rauchig-torfige »Emperor's Way« und der kräftige, holzrauchige »Alrik« das Sortiment der Hercynian Distilling Co. / Hammerschmiede. »Hercynia« stand in der Antike für die Mittelgebirge nördlich der Donau und östlich des Rheins, zu denen der Harz gehört. Mit dem Namen gibt Familie Buchholz ihrer Verbundenheit zur Region Ausdruck.

Hier weht ein besonderer Geist

Die Whiskyproduktion hat ihre Anfänge bereits im 13. Jahrhundert. Bis heute sind handverlesene Zutaten, eine behutsame Destillation und Geduld entscheidend für die Qualität. Dass das Team der Hammerschmiede hier keine Kompromisse eingeht, schmeckt man. Sowohl der Whisky als auch die Obst-

Tastings für Whisky-Enthusiasten

brände, Kräuter- und Fruchtliköre werden nach alter Tradition noch in Handarbeit hergestellt. In großen, holzbefeuerten Kupferkesseln entstehen die Destillate, die später ebenfalls per Hand in die Flaschen abgefüllt werden. Das Engagement und die Hingabe des Teams machen die Destillerie zu etwas ganz Besonderem: einem Ort, an dem jahrhundertealte Tradition mit modernem Wissen kombiniert und verfeinert wird, um nur die beste Qualität zu erzeugen.

Es ist darum unverzichtbar, den besonderen Spirit der ältesten Whisky Distillery im Harz persönlich zu erleben. Bei einer geführten Tour erhältst du einen faszinierenden Blick hinter die Kulissen und viele Insider-Infos zur Herstellung. In den verschiedenen Produktionsbereichen erfährst du, wie aufwendig dieses traditionelle Handwerk ist. Der Duft der Destillate erfüllt den Raum. Als krönender Abschluss wird einer der Single Malts verkostet.

Whisky-Enthusiasten wird das Tasting in der gemütlichen, stilechten Lounge begeistern, die auch die Leidenschaft der Betreiber verrät. Dort stehen meistens mehr als 1500 Whiskysorten zur Verfügung. Die Tastings werden zu verschiedenen Themen angeboten – und es gibt auch mal Raritäten zur Verkostung. hercynian-distilling.de

Faszination Modellbau im Miniaturenpark »Kleiner Harz«

21

Der Harz in Miniatur

Du kennst alle Sehenswürdigkeiten hier? Dann überprüfe doch mal dein Wissen in Wernigerode! Hier steht alles nah beieinander.

Die Brockenbahn für Modellbahn-Fans

Die Kaiserpfalz Goslar, Burg Falkenstein, das Josephskreuz bei Stolberg und der Brocken mit Brockenbahn sind nur wenige Schritte voneinander entfernt? Der Bürgerpark Wernigerode macht's möglich. Denn im dazugehörigen Miniaturenpark sind von April bis Oktober rund 60 Harz-Attraktionen in originalgetreuer Nachbildung zu sehen. Im Maßstab 1:25 entstanden sie in mehr als einem Jahrzehnt, im Rahmen eines Projekts an einer berufsbildenden Schule. Die faszinierenden Details begeistern: Tausende winzige Ziegel auf den Dächern der Schlösser und Kirchen, Mauersteine, Fenstersimse, Skulpturen und Figuren, alles präzise, alles *en miniature*. Sicherlich entdeckst du unter all den bekannten Sehenswürdigkeiten auch noch das eine oder andere neue Highlight, mit dem du deine persönliche Bucket List ergänzen kannst.

Ein Streifzug durch den geschrumpften Harz lässt auch das Herz von Modellbahnfans höher schlagen. Vom nachgebildeten Bahnhof Westerntor schlängelt sich die Brockenbahn hinauf auf den hier etwa fünf Meter hohen Gipfel des Brockens. Wie beim Original sind die Züge mit Dampfloks bespannt und die Waggons entsprechen jenen der Harzer Schmalspurbahn.

Eine Besonderheit ist das Modell des Großen Schlosses in Blankenburg, denn während alle anderen Objekte hier den Ist-Zustand ihres realen Vorbil-

Liebe zum Detail

des zeigen, ist diese Konstruktion ihrer Zeit voraus und bildet das Schloss ab, wie es nach seiner Sanierung irgendwann aussehen soll. miniaturenpark-wernigerode.de

Blütenrausch für alle

Der Bürgerpark, der 2006 im Rahmen der Landesgartenschau entstanden ist, ist ein 15 Hektar großer Landschaftspark. Neben dem Miniaturenpark wurden mehr als 60 Themengärten angelegt, ein wahres Meer an Blüten, Farben und Düften. Schon zum Saisonstart im Frühjahr öffnen sich mehr als 180 000 Frühblüher. Aber auch Spielplätze, Relax-Liegen, Strandkörbe, ein Kletterfelsen und das Tiergehege machen den Park zu einem beliebten Ausflugsziel für die ganze Familie. Wer keine Höhenangst hat, für den ist der Aufstieg auf den 22 Meter hohen Erlebnisturm mit Aussichtsplattform, Rutschen und Hängebrücken Pflicht. Von hier aus hast du einen tollen Blick über das Gelände und auf die Harzer Berge. Der Park wird seinem Namen wirklich gerecht, vor allem wenn in den Sommermonaten viele Veranstaltungen hier zu wahren Bürger- oder Familienfesten werden. Bei einem Picknick mit Freunden oder Familie auf den großen Wiesen oder an einem der fünf Teiche wirst du den Bürgerpark lieben lernen.

Traumhaft schön: Schloß Wernigerode

22

Märchenschloss

Von einem Schloss wie dem in Wernigerode träumen viele Prinzen und Prinzessinnen. Hoch über der Stadt grüßt das malerische Ensemble.

Einblicke in das höfische Leben des 19. Jahrhunderts

Du wirst es kennen, das Schloß Wernigerode®, denn es ist schon von Weitem zu sehen, auch wenn du die Stadt nur streifst. Doch erst ein Besuch verblüfft wirklich. Bereits im 12. Jahrhundert als mittelalterliche Burg errichtet, erlebte das Ensemble immer wieder größere Veränderungen. Nach Verwüstung im Dreißigjährigen Krieg ließ Graf Ernst zu Stolberg-Wernigerode im 17. Jahrhundert ein romantisches Residenzschloss in Form einer Rundburg errichten. Die heutige Außenansicht mit Fernwirkung ist aber dem Architekten Carl Frühling zu verdanken, der es im 19. Jahrhundert beeidruckend effektvoll umgestaltete. Spazierst du die Straße hinauf zum Schloss, wird dir die wechselnde Außengestaltung auffallen: Alle 45 Grad ändert sich die Silhouette. Frühling schuf im Auftrag von Graf Otto zu Stolberg-Wernigerode einen Leitbau des norddeutschen Historismus, in dem sich Elemente des Barocks, der Renaissance, der Spätgotik und anderer Stilrichtungen zu einem Gesamtkunstwerk verbinden.

Ein traumhafter Ort für Ja-Sager

Die Schlosskirche wurde von Friedrich von Schmidt aus Wien geplant und durch Carl Frühling vor Ort angepasst. Romantiker und Frischverliebte werden sich hier wohl tief in die Augen blicken. Die historistische Hallenkirche

Malerischer Schlossinnenhof

mit ihren hohen Buntglasfenstern, einem verspielten neogotischen Altar und eingezogenen Emporen bietet eine unvergleichliche Atmosphäre, kein Wunder also, dass hier regelmäßig kirchliche Trauungen und Veranstaltungen stattfinden.

Auch eine standesamtliche Hochzeit ist in fürstlicher Atmosphäre möglich, zum Beispiel im historischen Rauchsalon. Hierhin zogen sich einst die Herren der Gesellschaft zurück, um eine gute Zigarre zu genießen und vertrauliche Gespräche zu führen. Der Raum ist nur bei Veranstaltungen zu besuchen.

Der Schloss-Rundgang führt auch in die historische Halle, einen feudalen Festsaal, wo die prunkvoll gedeckte Tafel vor dem inneren Auge Bilder einer höfischen Gesellschaft entstehen lässt. Beim alljährlichen »Robert Burns Supper« im Januar kann man in diesem Ambiente einen stimmungsvollen schottischen Abend mit Dudelsackmusik erleben.

Wie lebten die Grafenfamilien vor 200 Jahren eigentlich so? Wechselnde Ausstellungen zeigen die Kunst- und Kulturgeschichte des 19. Jahrhunderts. Taschenlampen- und Kostümführungen oder Märchenstunden am Kamin machen einen Schlossbesuch überaus unterhaltsam und spannend. schloss-wernigerode.de

23

Glasmacherkunst

Jahrtausendealtes Handwerk

Glas, einer der ältesten Werkstoffe der Welt, ist auch aus dem heutigen Leben nicht wegzudenken. In der Glasmanufaktur Harzkristall in Derenburg, einer der letzten aktiven Glashütten Deutschlands, wird das alte Handwerk seit 1946 gepflegt. Lampen, Vasen, Gläser, Dekoartikel, Schmuck und vieles mehr stellen die Glasmacher als Unikate her. Die gläserne Pracht glitzert und blinkt verführerisch in dem großen Shop – mit einer ganzjährigen Weihnachtsausstellung.

In der rund 40-minütigen Führung »ManufakTour« wird die mehr als 5000-jährige Geschichte des Glasmachens anschaulich erklärt. Man kann in der Hitze des Schmelzofens den Glasbläsern über die Schulter schauen und dabei der Tradition dieses kunstvollen Handwerks nachspüren. Und auch im Rahmen von Kreativ-Kursen ein persönliches Unikat gestalten: Wie wär's also mit einer selbst geblasenen Durst- oder Dekorkugel, einem Trinkglas oder einem gläsernen Handabdruck? Auch individuelle Glasanfertigungen sind möglich. harzkristall.de

Glasmacherkunst
live erleben

24

Sommerfest im Kloster

Mauern und Gärten mit besonderer Atmosphäre

Eine der schönsten Veranstaltungen im Harz ist die »Romantische Nacht« im Kloster Drübeck. Die wunderschöne, weitläufige Klosteranlage mit den Gärten, dem Klosterhof mit altehrwürdiger Linde und der romanischen Kirche St. Vitus werden dann zur Bühne für Kleinkunst und Kunsthandwerk. Am ersten Samstag im August kann man die Klosteranlage abends in besonderem Licht erleben, liebevoll dekoriert und illuminiert entsteht dann eine außergewöhnliche Atmosphäre. Ein abwechslungsreiches kulinarisches und kulturelles Programm mit Konzerten, Theateraufführungen, Lyrik, Tanz und Livemusik erfüllt die Aufgabe des Klosters als Ort für Besinnung und Begegnung. Ein Termin, der wirklich auf die Bucket List gehört!

Doch auch das ganze Jahr hindurch bietet ein Besuch in diesem Kloster eine wohltuende Auszeit, ganz gleich ob bei der ruhigen Einkehr im Haus der Stille, bei einem Gottesdienst- oder Konzertbesuch oder auch beim gemütlichen Kaffeetrinken im Gärtnerhaus. kloster-druebeck.de

Romantisches und stimmungsvolles Sommerfest im Kloster Drübeck

Die Schatzkammer
im Domschatz
Halberstadt

25

Kostbare Schatzkammern

Funkelnder Schmuck, Reliquien und Kunstwerke: Die bedeutendsten mittelalterlichen Kirchenschätze der Welt bezaubern und beeindrucken.

Krypta der Stiftskirche Quedlinburg

Gewänder aus Gold und Seide, kostbare Bildteppiche aus dem 12. Jahrhundert und einzigartige Handschriften aus dem Früh- bis Spätmittelalter bilden den Domschatz in Halberstadt. In historischen Räumen der Schatzkammer und der Domklausur tauchst du ein in eine faszinierende Welt mittelalterlicher Handwerkskunst, darunter viele Goldschmiedearbeiten. Sowohl der Reichtum der damaligen Zeit als auch die Glaubenswelt werden hier eindrucksvoll vermittelt, der Bestand reicht bis ins 9. Jahrhundert zurück. Gestiftet von Halberstädter Domherren, befreundeten Bischöfen, Adeligen und Kaisern, wurde über Jahrhunderte hinweg eine stattliche Sammlung zusammengetragen und bewahrt. Einen bedeutenden Teil davon machen Reliquien aus: Im Mittelalter galten Gegenstände oder Körperteile von Heiligen als Heilsbringer für die Gegenwart. So kamen im 9. und 10. Jahrhundert Körperteile der Schutzpatrone des Halberstädter Doms, der Heiligen Stephanus und Sixtus, vom heutigen Châlons-en-Champagne und aus Rom nach Halberstadt.

Nimm dir aber auch Zeit für einen Besuch im Dom. Der imposante Kirchenbau im Stil der französischen Gotik beeindruckt mit seiner prachtvollen Halle und historischen Kunstwerken. dom-schatz-halberstadt.de

Quedlinburg

Die Stiftskirche Quedlinburgs, auch als Dom bezeichnet, ist ein weit sichtbares Wahrzeichen. Durch malerische Gassen und vorbei an hübschen Fachwerkhäusern führt der Weg hinauf zum Schlossberg. Das Herzstück der UNESCO-Welterbestadt, die Kirche St. Servatii, hat ihre Ursprünge im 10. Jahrhundert. Als Pfalzkapelle durch König Heinrich I. gegründet und nach seinem Tod von seiner Witwe, der heiligen Mathilde, zum Damenstift umgewandelt, schrieb das Stift Geschichte. Hier sind die Königsgräber von König Heinrich I. und seiner Gattin Mathilde zu sehen.

In den Schatzkammern belegen Edelstein und Elfenbein, mittelalterliche Reliquienkästchen, kostbare Schreine und vieles mehr die Bedeutung des Damenstifts im Mittelalter. Dabei handelt es sich überwiegend um Geschenke des ottonischen Herrscherhauses. Dieser wertvolle Bestand war nach dem Zweiten Weltkrieg verschollen und tauchte erst in den 1980er-Jahren wieder auf. Bei einem Kunsthändler fanden sich erste Stücke wieder, und dank einiger Mühe ist ein Großteil des mittelalterlichen Schatzes seit 1993 wieder in Quedlinburg zu bewundern. domschatzquedlinburg.de

INFOS

Der **DOMSCHATZ HALBERSTADT** gehört zur Kulturstiftung Sachsen-Anhalt. Öffnungszeiten: mittwochs bis sonntags und feiertags 10–16 Uhr.

Der **DOMSCHATZ QUEDLINBURG** ist Teil der evangelischen Kirchengemeinde der Stadt. Öffnungszeiten: dienstags bis sonntags und feiertags 10–16 Uhr.

Außerdem gibt es mit der **STIFTSKIRCHE GERNRODE** eine weitere sakrale Kostbarkeit, u. a. mit der ältesten Nachbildung des Grabes Christi in Jerusalem nördlich der Alpen.

Wild, romantisch, mystisch: Bodetal bei Thale

26

Harzer Zauberwelt

Im schroffsten Felsental nördlich der Alpen wirst du Hexen, Teufel und Fabelwesen begegnen. Das Bodetal ist einfach faszinierend.

Eine rund 200 Meter tiefe Schlucht tut sich vor deinen Füßen auf, wenn du dich auf der Roßtrappe oder dem Hexentanzplatz bis an den Felsrand wagst. Faszination und gleichzeitig etwas Unbehagen breiten sich aus bei diesem Blick in die Tiefe. Die hohen Felsen aus Granit, Tonschiefer und Grauwacke bilden eine eindrucksvolle Kulisse, tief unten im Tal bahnt sich das Flüsschen Bode seit Jahrmillionen seinen Weg. Ein Ort für viele Mythen, Sagen und Erzählungen. Kein Wunder, denn in den verwunschen wirkenden Wäldern mit knorrigen Buchen und Eichen wäre eine Begegnung mit Gandalf kaum eine Überraschung. So wird das Bodetal auch als »Sagenharz« beworben und bietet alljährlich am 30. April auf dem Hexentanzplatz die wohl größte Walpurgisfeier der Region.

Bei einer Wanderung durch das Bodetal wird seine Größe spürbar. Vor allem, wenn du von Altenbrak aus Richtung Thale das Tal durchquerst, hast du die imposanten Felswände stets vor Augen. Abenteuerlich ist auch eine Tour von der Roßtrappe hinab ins Tal. Die

Blick in den Abgrund

»Schurre«, ein schmaler, steiler Zickzackpfad, verbindet das Bodetal mit dem über 400 Meter hohen Granitfelsen.

Wo Hexen tanzen

Die markanten Felsen Hexentanzplatz und Roßtrappe bilden das überdimensionale Eingangstor zum Bodetal. Statt sich zu Fuß den steilen Hang hinaufzuquälen, kannst du natürlich auch den bequemen Aufstieg mit dem Sessellift (zur Roßtrappe) oder mit der Seilbahn (zum Hexentanzplatz) wählen. Allein der Blick ins Tal bei der Fahrt ist faszinierend. Das pure Bodetal-Erlebnis mit etwas Nervenkitzel spürst du, wenn du dich in die Gondel mit gläsernem Boden wagst.

Auf dem Hexentanzplatz befindet sich das Harzer Bergtheater, eines der schönsten Naturtheater Deutschlands mit einem weiten Blick über das Harzvorland, wo in der Sommersaison regelmäßig Aufführungen stattfinden. In der Walpurgishalle werden die Walpurgisszene aus Goethes Faust und weitere Walpurgissagen in großen Wandgemälden lebendig. Völlig verrückt geht es dann im Hexenhaus zu, denn da steht alles Kopf. Über eine Tür im Dachboden geht es hinein in das Haus, wo es ganz fantasievoll wird …

Quelle für Sagen und Mythen

Du bist begeistert von Mythen und Sagen? Dann darfst du eine Tour über den Mythenweg in Thale nicht verpassen. Die Midgardschlange, der Drache Nidhögg, Sleipnir, das Pferd von Germanengott Wotan und die Nornen, das sind nur einige der Kunstwerke, die auf dem vier Kilometer langen Weg vom Bodetal bis zum Kloster Wendhusen zu entdecken sind. Hier wird die germanische Mythologie lebendig. bodetal.de

INFOS

THALE ERLEBNISWELT: Seilbahn, Sessellift, Spaßinsel, Harzbob, Downhill-Park und viele weitere Attraktionen für einen Familienausflug. seilbahnen-thale.de

MIT HEXE UND TEUFEL UNTERWEGS: Regelmäßig werden geführte Touren mit einer Hexe oder dem Teufel Urian angeboten sowie Führungen zu den Kultstätten im Bodetal oder entlang des Mythenwegs.

Thale ist Start- oder Zielort des beliebten, rund 100 km langen Fernwanderwegs **HARZER HEXENSTIEG**.

Imposant und uneinnehmbar: Burg Falkenstein

27

Burg Falkenstein

Die eindrucksvollste Burganlage der Region thront hoch über dem Selketal und ist ein Muss für Harzfans und Freunde von Rittergeschichten.

Kochen wie im 15./16. Jahrhundert

Bis zu 17 Meter hoch türmt sich das massive Mauerwerk der Burg Falkenstein auf. Kaum vorstellbar, wie an dieser abgelegenen Stelle auf einem Felsvorsprung über dem Selketal ab dem 12. Jahrhundert ein solch trutziges Bollwerk errichtet werden konnte. Ohne moderne Technik, in schwerster Handarbeit wurde hier über Jahrzehnte hinweg eine wehrhafte Burganlage erbaut, die nie von Feinden eingenommen wurde. Angreifer hatten wenig Chancen auf Erfolg, das wird schnell erkennbar: Bis zu vier Meter dick sind die Burgmauern und das Innere der Anlage war durch Gräben, Rondelle, Ring- und Zwingermauern geschützt. Vom 31 Meter hohen Bergfried konnte man zudem jeden Feind frühzeitig erblicken. Ein Segen für die Besucher heute, denn so wurde die Burg nie stark beschädigt. Daher wundert es auch nicht, dass sie gern als Kulisse für Historienfilme genutzt wird.

Höfisches Leben in luftiger Höhe

Das heutige Bild ist geprägt von Umbauten des 15.–17. Jahrhunderts, doch es sind auch noch einige Originalteile aus der romanischen Zeit vorhanden. Entsprechend gehört die Burg Falkenstein zur »Straße der Romanik« in Sachsen-Anhalt.

Reise in die Vergangenheit

Die Innenräume wurden aufwendig saniert und spiegeln ihre historische Funktion wider. In der spätgotischen Küche entdeckst du allerlei Utensilien, die vor Jahrhunderten zum Bereiten des gräflichen Mahls genutzt wurden. Eine herrschaftliche Tafel im Rittersaal verleitet fast dazu, Platz zu nehmen und in das höfische Leben einzutauchen. Und in den Königszimmern wurde der neogotische Stil des 19. Jahrhunderts rekonstruiert.

Der imposante Bergfried erlangte in mehreren Bauphasen seine jetzige Höhe. Über steinerne Treppen geht es etwas mühevoll hinauf bis zur Aussichtsplattform 23 Meter über dem Burghof, ein faszinierender Blick über das Selketal und den Harz lohnt die Anstrengung.

Ein Grundlagenwerk der Rechtsgeschichte

Die beeindruckende Historie der Burg und ihrer Entstehung wird in einer modernen Ausstellung dargestellt. Dazu gehört auch die Geschichte des *Sachsenspiegels*. Das bedeutendste deutschsprachige Rechtsbuch des Mittelalters von Eike von Repgow steht in einer engen Verbindung zur Burg. Bis heute hält sich hartnäckig die Aussage, es sei hier verfasst worden, doch dafür fehlen die Beweise. Interessanterweise prägen viele Rechtsgrundsätze dieser Zeit bis heute unser Rechtsverständnis. burg-falkenstein.de

Zauberhafte, fantasievolle Gebilde in der Tropfsteinhöhle

28

Tropfstein-höhlen Rübeland

Lass dich in eine uralte, kalte Welt entführen und erlebe fantastische, geheimnisvolle Momente tief in den Harzer Bergen.

Schauspiel in faszinierender Kulisse

Der Besuch der Rübeländer Höhlen ist wirklich etwas Besonderes. Wo sonst werden plötzlich Zwerge, Dinos oder Schildkröten in der Vorstellung lebendig? Deiner Fantasie sind hier keine Grenzen gesetzt. Die Baumannshöhle in Rübeland, einem Ortsteil der Stadt Oberharz am Brocken, begeistert schon seit fast 400 Jahren Besucher aus aller Welt. Sie ist die älteste Schauhöhle Deutschlands, bereits 1646 fanden hier die ersten organisierten Führungen statt. Über Jahrtausende haben Ablagerungen des herabtropfenden Wassers außergewöhnliche Gesteinsformationen erschaffen, die sich imposant und märchenhaft der Decke entgegenstrecken.

So auch in der Hermannshöhle, die im 19. Jahrhundert nur wenige Meter weiter bei Straßenbauarbeiten zufällig entdeckt wurde. Hier leben die einzigen Grottenolme deutschlandweit – sie sind ein Import aus Slowenien. Im kristallklaren Wasser des Olmensees kannst du mit etwas Glück eines der seltenen, bis zu 30 Zentimeter großen und mindestens 85 Jahre alten Tiere entdecken. In der Hermannshöhle fasziniert insbesondere auch die funkelnde »Kristallkammer« mit ihren außergewöhnlichen Tropfsteinen: Filigrane Calzit-Kristalle bilden merkwürdige Formen, die an ein Schloss oder an einen Lindenbaum erinnern.

Beeindruckende Atmosphäre im Goethesaal

Applaus in der Unterwelt

Wem das noch nicht genug Höhlenfeeling ist, der sollte einmal in den Spielplan des Höhlentheaters der Baumannshöhle schauen. Auf den zwei Bühnen in dem mehr als 300 Quadratmeter großen Goethesaal mit dem künstlich angelegten Wolfgangsee werden zum Beispiel Jules Vernes Romane *Die Reise zum Mittelpunkt der Erde* und *20 000 Meilen unter dem Meer* lebendig. Fiebere mit, wenn Geologieprofessor Otto Steinbrock im Krater des Sneffels Jökull nach dem Mittelpunkt der Erde sucht. Und erinnerst du dich auch an die Flintstones? Fred Feuerstein, seine geliebte Frau Wilma und ihre Nachbarn Betty und Barney Geröllheimer fühlen sich in der Baumannshöhle richtig heimisch, schließlich erinnert sie an die Steinzeit. Diese Familiensatire sowie weitere Märchen, Schauspiele sowie Konzerte füllen ganzjährig den Saal mit Zuschauern. Der hat seinen Namen natürlich von Johann Wolfgang von Goethe, der die Baumannshöhle 1777, 1783 und 1784 besuchte.

Ein perfektes Höhlenerlebnis für die Kids ist eine Geburtstagsparty in der geheimnisvollen Welt oder auch die spezielle Kinder-Taschenlampenführung. harzer-hoehlen.de

Wildwest-Erlebnis
im Harz

29

In den Wilden Westen

Longhorns, Bisons, verruchten Haudegen und geheimnisvollen Indianern begegnest du hautnah in Deutschlands größter Westernstadt.

Höhepunkt des Besuchs ist die große Parade.

Durch die staubigen Straßen schallt es: »Yieeha«, gefolgt von lärmendem Hufgetrappel. Eine Herde Longhorns wird von Cowboys vorangetrieben. Wenn sich der Staub verzogen hat, erblickst du Indianer in traditioneller Kleidung, mit buntem Kopfschmuck und farbenfroher Bemalung. Kutschen, die an einen Siedlertreck im Amerika des 19. Jahrhunderts erinnern, ziehen an dir vorbei. Film oder Traum? Weder noch: Du stehst an der Main Street der Westernstadt Pullman City Harz in Hasselfelde. Hier wird der Wilde Westen lebendig, ganz nah, mitten im Harz.

Ein Saloon mitten im Harz

Auf einem 20 Hektar großen Areal mit Blick zum Brocken wurde eine authentische Westernstadt nachgebaut. Hier kannst du dich auf eine Zeitreise begeben, rund 200 Jahre zurück, als Tausende Siedler im Westen Amerikas ihr Glück suchten. Zahlreiche typische Holzbauten, so wie man sie aus Cowboyfilmen kennt, außerdem ein eindrucksvolles Südstaatenhaus säumen die Main Street. Ein Saloon mit Livemusik, ein Barber Shop, ein Grand Hotel, viele kleinere Geschäfte und ein originalgetreuer Nachbau eines Gefängnisses aus dem 19. Jahrhundert spiegeln das wilde Leben wider. In der rustikalen

Unterhaltsam wird die Geschichte des Wilden Westens vermittelt.

Schmiede und in der Schuhfabrik erlebst du traditionelles Handwerk. Das indianische Langhaus sowie die Mandan Earthlodge erlauben einen Einblick in die Wohnform der Urvölker Amerikas. Originale Kleidung, Accessoires und Waffen aus der Zeit der Besiedelung werden im Old West Museum gezeigt. So kannst du ganz nebenbei in die amerikanische Geschichte eintauchen.

Kinder hingegen zieht es wohl eher ins Streichelgehege, zum Abenteuerspielplatz und zum Goldwaschen in der Ghost Mine. Auch das Ponyreiten ist besonders beliebt bei den jungen Gästen.

Komm hol' das Lasso raus!

Denn was wäre der Wilde Westen ohne tollkühne Reiter? Die Crazy Horse Show Arena bietet immer wieder temperamentvolle Einlagen. Ob Freiheitsdressur mit den Pferden, Akrobatik im Sattel, Lassoshow oder auch Einblicke in das Spanische Arbeitsreiten: Nicht nur Pferdeliebhaber werden begeistert sein. Und bei der großen Parade dann stellt man ganz überrascht fest, dass hier ja gar nicht nur Profis am Werk sind: Vom Azubi bis zum Koch werden hier wirklich alle mobilisiert, um den Wilden Westen aufleben zu lassen. pullmancityharz.de

Mausefallen, Toilettenstühle und allerlei Kuriositäten in Güntersberge

30

Mausefallen und stille Örtchen

Staunen, schmunzeln, sich wundern – das Mausefallen- und Kuriositätenmuseum in Güntersberge macht seinem Namen alle Ehre.

JACOBS
BREMEN
NAUMANN

Einfallsreiche Ungeziefer-Bekämpfung

Mausefallen, Bidets, Nachttöpfe und Toilettenstühle in allen Formen, Größen und aus den unterschiedlichsten Epochen und Jahrhunderten – in Güntersberge muss man einfach lachen. »Wer Kneppers Sammlung nicht kennt, hat den Harz verpennt« – so könnte man es wohl zusammenfassen. Denn was Gabriele Knepper und ihr (2014 verstorbener) Mann Karl-Heinz in vielen Jahrzehnten zusammengetragen haben, ist gleichermaßen erstaunlich wie vergnüglich. Das Museum in dem mehr als 300 Jahre alten Fachwerkhaus wirkt von außen eher unauffällig, doch Kenner wissen, welcher Schatz sich seit nunmehr 25 Jahren hinter der Fassade verbirgt. Führungen erklären die Gegenstände, die für uns heute oft kurios anmuten, doch einst größten Komfort bedeuteten. Mit Witz, Charme und der einen oder anderen Doppeldeutigkeit bekommst du ganz viele Insiderinformationen aus dem Leben deiner Oma und Uroma.

Nichts für Zartbesaitete

Rund 400 Ausstellungsstücke zeigen, wie pfiffig und ideenreich Menschen den Kampf gegen Schädlinge, vornehmlich Mäuse, angingen. Die lästigen Quälgeister wurden erschlagen, erhängt, erschossen oder ertränkt, da wa-

Lass dich überraschen im Mausefallen-Museum.

ren unsere Vorfahren nicht zimperlich. Todestürme, Mausegalgen, Einzel- und Sammelfallen – Not machte erfinderisch, das wird hier drastisch klar.

Die Raffinesse und der Erfindergeist waren es auch, die Kneppers zu ihrer Sammlung der Kackstühle, der »stillen Örtchen«, veranlasste. Beim Torfklo beispielsweise wurde jeder Toilettengang mit etwas Torf »gespült«. Die Mischung diente als Dünger und sorgte für eine prächtige Ernte. Die Vielfalt der Toilettenstühle ist erstaunlich. Teils schlicht, teils aufwendig geschnitzt oder gestaltet, könnten einige auch als Wohnzimmersessel durchgehen. Das älteste Stück ist gut 500 Jahre alt.

Um das wohl menschlichste aller Bedürfnisse dreht sich auch die »Galerie der stillen Örtchen«. Vor den etwa 100 teils großformatigen Fotos, Bilder und Zeichnungen wirst du garantiert schmunzeln. Damenwäsche, Keuschheitsgürtel und eine illustre Nachttopfsammlung ergänzen die Ausstellung. Die Funktion einiger Gegenstände wird auf den ersten Blick nicht verständlich – umso amüsanter ist der Austausch mit anderen Besuchern und Frau Knepper, um den Geheimnissen auf die Spur zu kommen. Vielleicht, wenn es einem nicht den Appetit verschlagen hat, auch im Anschluss an die Führung im gemütlichen Museumscafé (für Gruppen). mausefallenmuseum.de

Schwindelerregend und beeindruckend ist das Josephskreuz.

31

Das Josephskreuz bei Stolberg

Wer zum weltgrößten Doppelkreuz steigt, genießt einen fantastischen Fernblick. Und danach lohnt ein Fachwerkstadt-Bummel.

Wander- und Ausflugsziel

Wenn du nach 200 Stufen mit etwas zittrigen Knien die Aussichtsplattform des Josephskreuzes erreichst, liegt dir der Harz zu Füßen. Vom 38 Meter hohen, eisernen Doppelkreuz, dem größten der Welt, hast du bei guter Sicht freien Blick zum Brocken und zum Kyffhäuser sowie ins Harzvorland. Das eindrucksvolle Kreuz von 1896 markiert weit sichtbar den Gipfel des Großen Auerbergs, der mit 580 Metern eine der höchsten Erhebungen rings um Stolberg ist. Das 2460 Zentner schwere Stahlkonstrukt wird durch rund 100 000 Nieten zusammengehalten und aufgrund der gleichen Bauweise als »Eiffelturm des Harzes« bezeichnet.

Bereits im 17. Jahrhundert wurde hier von den Grafen von Stolberg ein Fachwerkturm errichtet, um die Heer- und Handelsstraßen im Umkreis im Blick zu haben. Die marode Konstruktion wurde 1768 abgerissen. Die heutige solide Eisenkonstruktion von 1896 wurde in Anlehnung an die Pläne des preußischen Baumeisters und Architekten Karl Friedrich Schinkel errichtet, der den hölzernen Vorgängerbau von 1834 entwarf.

Viele Wege führen zum Ziel

Vom Parkplatz Auerberg führt ein etwa 20-minütiger Fußweg hinauf zum Josephskreuz. Von Stolberg selbst sind es gut vier Kilometer und etwa 290

Blick vom Schloss auf die historische Fachwerkstadt Stolberg

zu überwindende Höhenmeter, eine schöne Wanderung durch die weiten Buchenwälder. Oben angekommen lockt das Gasthaus Bergstüb'l zur Rast. Eine rustikale Brotzeit oder deftige Hausmannskost sorgen für neue Energie für den Abstieg. Gesellig wird es auf der »Straße der Lieder«, der Route vom Naturresort Schindelbruch hinauf zum Josephskreuz. 14 Liederstationen mit Auszügen beliebter Volkslieder säumen den Weg und laden ein zum fröhlichen Trällern.

Fachwerkidylle

Stolberg, eine der schönsten Fachwerkstädte im Harz, trägt aufgrund des durchgängig erhaltenen historischen Stadtbilds den Beinamen »Historische Europastadt«. Das imposante Schloss hoch über der Stadt, von seiner Entstehung im 13. Jahrhundert bis 1945 Stammsitz der Grafen und späteren Fürsten zu Stolberg-Stolberg, wird seit 2002 von der Deutschen Stiftung Denkmalschutz saniert und wiederbelebt. Das Rathaus ohne Innentreppen ist eine von vielen architektonischen Besonderheiten Stolbergs. Wenn du Stolberg besuchst, solltest du die Würstchen »Stolberger Lerchen« und Kekse, Pralinen oder Waffeln aus dem Friwi-Werk kosten, beides ausgezeichnet mit der Regionalmarke »Typisch Harz«. gemeinde-suedharz.de

Europa-Rosarium Sangerhausen – Paradies für die Sinne

32

Rosige Zeiten

Die größte Rosensammlung der Welt gibt es – im Harz! Im Rosarium Sangerhausen steht alles im Zeichen von diesem Symbol der Liebe.

Beeindruckendes Blütenmeer

Rot, rosa, lila oder gelb, mit seidigen Blättern, spitzen Stacheln und unverkennbarem Duft – Rosen gehören als Zierpflanzen seit mehr als 2000 Jahren zu den Blumen mit der größten Fangemeinde. Von geschätzt über 30 000 weltweit existierenden Rosenarten und -sorten kannst du in Sangerhausen am südlichen Harzrand 8700 kennenlernen. Auf einem 13 Hektar großen Gelände wird schon seit 1903 die eindrucksvolle Sangerhäuser Rosensammlung gezeigt. Immer wieder erweitert und ausgebaut, zieren mittlerweile rund 80 000 Rosenpflanzen und mehr als 300 verschiedene seltene Baum- und Straucharten die herrliche Parkanlage. Ein rund 30-köpfiges Gärtnerteam kümmert sich vor allem in der Sommersaison um die riesige Rosenpracht.

Entstanden ist das Rosarium aus dem Wunsch seriöser Rosenzüchter und -freunde, alte und bewährte Sorten für die Nachwelt in einer Sammlung zu erhalten, da gegen Ende des 19. Jahrhunderts in Deutschland mit dem Aufschwung der Züchtung neue Sorten die bereits vorhandenen zu verdrängen drohten. So entstand eine Genbank, ein lebendiges Museum in Form einer besonderen Parkanlage. Im Rosarium werden unter anderem über 100-jährige, teils vom Aussterben bedrohte Rosenarten und -sorten erfolgreich gesammelt, bewahrt und erhalten. Blumenliebhaber aus aller Welt er-

Rose, Symbol der Liebe

gattern mit etwas Glück eine der Raritäten aus der alljährlichen »Erhaltungsvermehrung« für ihren heimischen Garten.

Feste rund um die »Königin der Blumen«

Den Besuch hier sollte man am besten anhand des Blüh- und Veranstaltungskalenders planen. Die Wildrosen haben bereits ab Mai ihre Hauptblütezeit, die historischen Rosen im Juni, Edel-, Strauch- und Kletterrosen im Juni und Juli. Mehrfach blühende Rosen können ihre Schönheit durchaus bis zum Eintreten der ersten Fröste zeigen. Wenn das leuchtende Meer von Millionen Rosenblüten und ihr süßer Duft begeistern, dann ist es Zeit für das Berg- und Rosenfest, das bereits seit mehr als 40 Jahren immer am letzten Wochenende im Juni stattfindet. Damit wird zugleich auch die Bergbautradition gefeiert, denn die Region um Sangerhausen ist vom Kupferschieferbergbau geprägt (siehe Kapitel 55). Anfang Juli öffnet die große Open-Air-Ausstellung »Rose trifft Kunst«. Zu deren Abschluss im August erlebst du das Rosarium in unvergleichlicher Stimmung. Die Kunstobjekte werden mit ausgefeilter Lichttechnik illuminiert und die ganze Parkanlage erstrahlt im Lichterglanz! Mit Livemusik und kulinarischen Angeboten wird dies zu einem unvergesslichen Abend. europa-rosarium.de

33

Zisterziensermuseum

Auf den Spuren der Mönche des Mittelalters

Im Kloster Walkenried taucht man ein in das Leben tiefgläubiger Männer und erfährt, wie sie als kluge Geschäftsleute ein erfolgreiches Wirtschaftsunternehmen betrieben. Die mittelalterliche Klosteranlage ist der älteste Teil der UNESCO-Welterbestätte »Bergwerk Rammelsberg, Altstadt von Goslar und Oberharzer Wasserwirtschaft«. Die gotische Klosterkirche, von der noch imposante Reste und die vollständige Klausur mit dem einzigartigen doppelschiffigen Kreuzgang zu sehen sind, zeugt von der einstigen Bedeutung und dem Reichtum der Abtei. Bei Kreuzgangkonzerten und abendlichen Kerzenscheinführungen kann man sie in einer unvergleichlichen Atmosphäre erleben. Das Zisterziensermuseum in historischen Mauern vermittelt anschaulich und leicht verständlich Wissenswertes über die Walkenrieder Mönche, ihre Aktivitäten in Agrarwirtschaft, Bergbau und Verhüttung sowie ihre außerordentlichen wassertechnischen Kenntnisse. kloster-walkenried.de

Wunderschön: der Kreuzgang im Kloster Walkenried

Magische Momente in der »Blauen Grotte«

34

Von Einhörnern und Neandertalern

Begib dich auf eine fantasiereiche und geheimnisvolle Zeitreise zu Höhlenlöwen und Fabelwesen.

Auf der Suche nach dem Einhorn

In den Wäldern des Ortes Scharzfeld im Südharz erfährst du unglaubliche Geschichten: in der Einhornhöhle. Sie ist die größte begehbare Höhle im westlichen Harz. Die Dimension des natürlichen Hohlraums, über Tausende von Jahrhunderten durch Verwitterung des Gesteins entstanden, ist beeindruckend. Doch noch überraschender ist das, was sich unter deinen Füßen befindet, denn die eigentliche Höhle ist um ein Vielfaches größer. Ablagerungen aus Ton, Lehm, Dolomitasche und eingeschwemmtem Gletscherschotter füllen bis zu 40 Meter tief das Höhlenlabyrinth. Heute ist damit sozusagen nur noch der Dachboden des ursprünglichen Hohlraums zu sehen.

Auf der Suche nach dem Einhorn

Knochensammler begaben sich schon seit langer Zeit in diese mystisch-gespenstische Unterwelt. Bereits im 16. Jahrhundert wurde von der Suche nach Einhörnern berichtet, doch obwohl ein vermeintliches Skelett eines Einhorns den heutigen Eingangsbereich ziert, wurde nie eines dieser Fabelwesen entdeckt. Doch Knochenfunde gab es zuhauf. Diese fossilen Überreste, beispielsweise vom riesigen Höhlenbären und dem furchterregenden Höhlenlöwen, wurden lange Zeit hindurch dem Einhorn zugeschrieben und waren als Medizin und Heilmittel begehrt.

Spannende Geschichten erwarten dich in der Einhornhöhle.

Viele namhafte Wissenschaftler, Forscher, aber auch Dichter, wie Gottfried Wilhelm Leibniz, Johann Wolfgang von Goethe, Rudolf Virchow oder Hermann Löns besuchten die Höhle. Ein Ziel der Forschungsprojekte ab den 1870er-Jahren galt Überresten aus der Eiszeit. Erst 1985 wurden tatsächlich Werkzeuge aus der Altsteinzeit gefunden. Nachweislich wurde diese Höhle bereits vor weit mehr als 100 000 Jahren bis vor etwa 50 000 Jahren über einen längeren Zeitraum von Neandertalern genutzt.

Mystisches Erlebnis

Diese und viele weitere spannende Geschichten erfährst du bei einer Führung. Begib dich auf eine Fantasiereise und erfahre lebendig, was sich unter deinen Füßen befindet. Etwa 300 Meter nach dem Höhleneingang wartet ein besonderes Sinneserlebnis, wenn seichtes Tageslicht in einem einzelnen Sonnenstrahl die »Blaue Grotte« in eine mystische Stimmung taucht.

Ein gemeinnütziger Verein setzt sich für den Erhalt und die Erforschung der Einhornhöhle ein. Zu besichtigen ist sie im Rahmen von Führungen, die vor allem im Sommerhalbjahr regelmäßig angeboten werden. Bei einem Klang-Event kannst du auf eine besondere Weise die Höhle erspüren, Klang und Stille in einer unvergleichlichen Kulisse. einhornhoehle.de

Auf Tuchfühlung mit Falken, Adler und Co. im Harzfalkenhof

35

Könige der Lüfte

Stolze, anmutige Greifvögel in freier Natur ziehen die Menschen seit jeher in ihren Bann. In Bad Sachsa erlebt man sie hautnah.

Rochus Brotzer ist passionierter Falkner.

Die Ursprünge der Beizjagd, also der Jagd mit Greifvögeln auf Hasen, Kaninchen oder Fasane, liegen Jahrtausende zurück. Die Falknerei wurde mittlerweile von der UNESCO als immaterielles Kulturerbe der Menschheit anerkannt und wird in Bad Sachsa noch traditionell betrieben. Der Schweizer Falknermeister Rochus Brotzer und seine Freundin Julia bieten auf dem Harzfalkenhof über 75 Greifvögeln, Eulen und falkenartigen Vögeln eine Heimat.

Die imposanten Steinadler mit einer Flügelspannweite von bis zu 2,10 Meter sind die Stars einer jeden Flugshow. Ihre kräftigen Zehen und Krallen sind selbst für Rehkitze oder Lämmer tödlich und sie können mit ihren scharfen Augen auch aus großer Entfernung einen Hasen anpeilen und ihn im Sturzflug erlegen. Die deutlich kleineren Gerfalken zeichnen sich durch eine enorme Geschwindigkeit im horizontalen Flug aus und werden bereits seit dem Mittelalter für die Beizjagd geschätzt. Auch Eulen sind Jäger, sie sind nachtaktiv und haben es dann vor allem auf Mäuse abgesehen. Im Harzfalkenhof gehört vor allem ihre Nachzucht, die kleinen plüschigen Küken mit großen Knopfaugen, zu den Herzensbrechern.

Der Bartkauz hat alles im Blick.

Den Hof auf dem Ravensberg in Bad Sachsa gibt es schon viele Jahrzehnte. Mit Rochus Brotzer hat ihn 2020 ein Falkner aus Leidenschaft übernommen, der schon seit mehr als 20 Jahren als Berufsfalkner arbeitet und auch selbst die Beizjagd betreibt. In großen Volieren kannst du Steinadler, Haubenadler, Virginia- und Milch-Uhus, Gerfalken, Habichte und viele weitere Greifvogelarten aus der Nähe betrachten und erlebst sie bei den regelmäßigen Flugshows auch in Aktion. Die Pflege und das Training der Tiere sind durchaus aufwendig. Unterstützen kannst du Rochus und sein Team durch eine Tierpatenschaft, die dir ganzjährig freien Eintritt zum Falkenhof und zur Flugshow gewährt. Oder du verbringst deinen Urlaub in der Ferienwohnung hier, inmitten der Natur. Dann kannst du Rochus bei einer Beizjagd begleiten und mehr über seine Arbeit erfahren.

»Falknerei ist die Kunst, ein freies Wesen an sich zu binden, indem man ihm immer wieder die Freiheit schenkt.« Der Journalist Horst Stern brachte die Magie der Falknerei auf den Punkt. Rochus Brotzer ist sich seiner Verantwortung bewusst. In der Jagschule Göttingen kann man bei ihm auch eine Falknerausbildung buchen. facebook.com/harzfalkenhof

Indian Summer
Feeling im Harz

36

Wälder aus aller Welt

Um den Indian Summer zu erleben, brauchst du nicht nach Amerika zu reisen. In Bad Grund hast du dieses Naturschauspiel vor der Haustür.

Beeindruckende Wald-Vielfalt

Schillernde Farben, Sonnenstrahlen, Nebel und Wolken sorgen im Herbst in den Laubwäldern des Harzes für eine richtige Indian-Summer-Stimmung. Der Weltwald Harz in Bad Grund begeistert im September und Oktober mit einem Farben-Feuerwerk wie die Wälder der Ostküste Nordamerikas. Im Frühling wartet eine immense Blütenpracht von Magnolien, Azaleen und Rhododendren – alles Exoten, auch wenn sie als Zierpflanzen längst unsere Gärten erobert haben –, aber auch die einheimische Felsenbirne oder der Wildapfel zeigen eine farbenfrohe und duftende Vielfalt. Das ganze Jahr über sind auf dem rund 65 Hektar großen Areal mehr als 600 Baum- und Straucharten aus aller Welt zu entdecken.

Forschungs- und Wandergebiet zugleich

Bereits 1975 wurde die Fläche nach großen Sturmschäden als Arboretum, eine Sammlung verschiedenartiger Gehölze, aufgeforstet. Einerseits als forstbotanische Attraktion, andererseits auch, um zu erforschen, wie sich fremdländische Baumarten im hiesigen Klima entwickeln. Ein Ansatz, der bei den heutigen Diskussionen um den Klimawandel aktueller ist denn je. Die Niedersächsischen Landesforsten haben hier in den letzten Jahrzehnten eine beeindruckende Waldlandschaft erschaffen, die die Landschafts-

Farbenfroh zeigen sich Pflanzen aus aller Welt.

bilder unseres Planeten widerspiegelt. Es wurden nicht nur einzelne Bäume gepflanzt, sondern authentische Waldgesellschaften mit verschiedenen Baum- und Straucharten angelegt. So kannst du auf nur wenigen Kilometern die Wälder Europas, Asiens und Nordamerikas durchstreifen. 50 Tafeln informieren über die Baumarten, ihre Herkunft und ihre Besonderheiten. Der Weltwald ist eine von elf Walderlebniseinrichtungen der Niedersächsischen Landesforsten.

So abwechslungsreich wie die Pflanzen sind auch die Landschaftsbilder. Teils schmale, naturbelassene Pfade, teils gut ausgebaute und bequeme Wanderwege führen über gut zehn Kilometer durch das bergige Areal. Rund 100 Meter Höhenunterschied sind zwischen dem tiefsten und dem höchsten Punkt zu überwinden. Festes Schuhwerk und etwas Verpflegung solltest du daher auf jeden Fall für einen Ausflug in den Wald dabei haben.

Zwei bunte, geschnitzte Totempfähle markieren den Eingang zum Erlebnispfad mit Informationen zu den Indianern Nordamerikas. Den riesigen Mammutbaum, die abenteuerliche Hängebrücke und den Entdeckerturm mit einem tollen Ausblick darfst du nicht versäumen. Bei Nordic-Walking-Events im Frühjahr und im Sommer kannst du den Weltwald in Bad Grund ganz aktiv erleben. weltwald-harz.de

37

Imposantes Wasserschloss

Für Romantiker und Rittersleut'

Es ist eines der ältesten und besterhaltenen Wasserschlösser in Deutschland: die Westerburg im nördlichen Harzvorland, zwischen Wolfenbüttel und Halberstadt. Die Harzgrafenburg von 1052 wurde im 12. Jahrhundert von den Grafen von Regenstein zu einer wehrhaften Anlage umgebaut und ist heute ein außergewöhnliches Wellnesshotel. Im malerischen ovalen Innenhof der Rundburg erblickst du zuerst den Fachwerk-Taubenturm und den mit Efeu bewachsenen, 32 Meter hohen Bergfried. Zu verschiedenen Theater- und Konzertveranstaltungen, wie beispielsweise beim alljährlichen Westerburger Kultursommer, bilden sie die bezaubernde Kulisse.

Auf der ruhigen Schlossterrasse oder im stimmungsvollen Gewölbesaal des Restaurants Marie Pauline kannst du dich auch als Nicht-Hotelgast fürstlich bewirten lassen. Das Restaurant wurde nach der Schwester von Napoleon benannt, der das Schloss einst gehörte. Die Burganlage wurde liebevoll restauriert, Historisches wurde bewahrt und Neues geschickt integriert. Romantiker können sich hier in der Schlosskapelle das Jawort geben. hotel-westerburg.de

Bergfried und Turteltaubenturm im malerischen Innenhof der Westerburg

38

Der Weihnachtswald in Goslar

Im Glanz Tausender Lichter

Ein Wald inmitten der Stadt, umgeben von historischen Fachwerkhäusern und beleuchtet von vielen, vielen Lichtern – der Weihnachtswald in Goslar sucht seinesgleichen. Ganz gleich wie eng und kuschelig es unter den dicken Fichtenzweigen auf dem weichen Boden wird, ein Besuch darf auf einer Harz-Bucket-List nicht fehlen. Der Weihnachtswald gehört seit 2003 zu den Höhepunkten in der Adventszeit und hat bereits viele Nachahmer gefunden. Doch das Original erlebst du nur in Goslar. Auf dem hübschen Schuhhof, in den Sommermonaten beliebter Treffpunkt mit Eisdielen und kleinen Geschäften, werden rund 60 Fichten »gepflanzt« und mit Lichtern bestückt. So entsteht der stimmungsvolle Dezember-Treffpunkt Goslars. Liebevoll dekorierte Stände mit Glühwein, Eierpunsch, Schafskäse im Fladenbrot, allerlei süße Leckereien sowie Märchenstunden und weihnachtliche Livemusik locken in den stimmungsvollen »Wald« und auf den benachbarten Marktplatz, die zusammen einen der schönsten Weihnachtsmärkte in Deutschland bilden. weihnachtswald.de

Treffpunkt in der Vorweihnachtszeit

39

Advent in Quedlinburg

Punsch in privaten Innenhöfen

Hinter den liebenswerten Fachwerkhäusern der UNESCO-Welterbestadt Quedlinburg verbergen sich verwinkelte, romantische Innenhöfe, die üblicherweise für die Öffentlichkeit nicht zugänglich sind. Doch in der Adventszeit hast du die Möglichkeit, hinter die Kulissen zu schauen. Beim »Advent in den Höfen« öffnen am ersten, zweiten und dritten Adventswochenende viele Menschen ihre Höfe und laden ein zu einer stimmungsvollen, geselligen Adventszeit. Kunsthandwerk, Raritäten und kleine Kostbarkeiten werden angeboten. Am offenen Feuer kannst du dich aufwärmen und einen leckeren, hausgemachten Punsch genießen. Etwas Geduld ist gefragt, denn in den schmalen Gassen und engen Höfen wird es schnell recht voll. Die beste Zeit für einen weniger gedrängten Besuch ist der Sonntagnachmittag, wenn viele Gäste bereits wieder abgereist sind. Mit dem Weihnachtsmarkt und dem lebendigen Weihnachtskalender macht Quedlinburg seinem Beinamen »Adventsstadt« alle Ehre. adventsstadt.de

Kuschelig-trubelig ist es beim »Advent in den Höfen« in Quedlinburg.

Wellness mit Ausblick

Schwerelos im Hexen-Zuber treiben

40

Ganz schwerelos in Altenau

Badevergnügen wie im Toten Meer

Augen schließen und sich treiben lassen. Statt bis zum Toten Meer zu reisen, erlebt man die Schwerelosigkeit beim Baden ganz in der Nähe: Der Hexen-Zuber in der Therme »Heißer Brocken« in Altenau bietet mit seiner 12-prozentigen Thermalsole einen genussvollen Auftrieb, fast so wie das berühmte Gewässer im Nahen Osten. Zwar ohne Strand, dafür mit weitläufiger Wiese und einem Blick auf die Harzer Berge. Denn der Hexen-Zuber gehört zu den drei Thermalsolebecken im Außenbereich der Kristall-Therme, die das ganze Jahr über zu nutzen sind. Im 36 Grad warmen Wasser die Muskeln entspannen und dabei die tanzenden Schneeflocken oder die vorbeiziehenden Wolken zu beobachten, ist ein besonderes Harz-Erlebnis. Außerdem kann die komplette Anlage textilfrei genutzt werden – ein pures Badevergnügen. In fünf verschiedenen Saunen kommst du richtig ins Schwitzen und bei einer Massage erreichst du die vollkommene Entspannung. Weitere Thermen- und Saunalandschaften gibt es in Bad Harzburg, Bad Lauterberg, Bad Sachsa, Stolberg, Thale und Wernigerode. kristalltherme-altenau.de

Kniffelige Rätsel lösen

41

Outdoor Escape Games

Rätseln, kombinieren, den Harz entdecken

Die Outdoor Escape Games im Harz bieten dir, deiner Familie, Freunden und Teams spannende Augenblicke. Gemeinsam geht ihr auf die Suche nach eurem Freund Hans, der als Privatdetektiv bei der Untersuchung eines Mountainbike-Unfalls in Braunlage selbst verschollen ist. Oder ihr folgt der Spur der weißen Hexen und helft dabei, Wernigerode vor dem Bösen zu bewahren. Nadine und Volker Herholt, Organisatoren von Outdoor-Erlebnissen und Teamtrainings und erklärte Exitgames-Fans, haben sich geheimnisvolle Geschichten ausgedacht und diese in einen lebendigen Rätselspaß verpackt. Originalschauplätze wurden geschickt eingebunden, und so kannst du als Rätselfan Braunlage, Wernigerode, Goslar, Quedlinburg und Wolfenbüttel auf unterhaltsame Weise erobern. Es gibt verschiedene Rätsel, die für Kinder ab sechs oder ab zwölf Jahren geeignet sind. Gespielt wird im Team von zwei bis acht Personen. Rätseldauer rund drei Stunden.

outdoor-escapegames-harz.de

Winterwonderland am Wurmberg Braunlage

42

Gipfel-erlebnisse

Höhenluft schnuppern, rasante Abfahrten erleben und bei der Hüttengaudi abfeiern – vergnügliche Zeiten auf dem Wurmberg in Braunlage

Monsterroller – für eine actionreiche Abfahrt

Er ist mit 971 Metern der höchste Gipfel Niedersachsens, liegt vis-à-vis vom Brocken und bietet reichlich Spaß: Den Wurmberg solltest du zu jeder Jahreszeit kennenlernen. Hier, im größten Wintersportgebiet des Harzes, hast du die besten Chancen auf gute Schneebedingungen, denn die Höhenlage sorgt oft für ergiebige Schneefälle. Zusätzlich wird mit einer modernen Beschneiungsanlage unterstützt und ein Großteil der 15 Pisten kann bei kalter Witterung künstlich präpariert werden. Skifahren – ganz gleich ob Alpin oder Langlauf – ist quasi der Volkssport der Harzer. Wenn du noch nie auf den flotten Brettern gestanden hast, dann findest du am Wurmberg sowie im ganzen Harz mehrere Skischulen, die dich unterstützen. Am Wurmberg sind Anfänger wie Cracks gleichermaßen gut aufgehoben, viele Pisten sind breit und leicht zu fahren, doch es gibt auch schwere und sehr schwere, ja teils abenteuerliche Abfahrten.

Zahlreiche präparierte Loipen und Wege in und um Braunlage ziehen auch Skiwanderer und Langläufer an. Hier kannst du in die Stille der weiten verschneiten Wälder eintauchen. Weitere Wintersportmöglichkeiten im Ort und in den Ortsteilen Hohegeiß und Sankt Andreasberg.

Sommer-Action

Mit breiten Stollenreifen ausgestattet sind die Monsterroller, mit denen du dich im Sommer auf eine aufregende Abfahrt wagen kannst. Der Einstieg der Strecke vom Wurmberggipfel ist steil und anspruchsvoll. Danach geht es durch Wälder, über Skipisten und teils naturbelassene Pfade hinab ins Tal – eine lebhafte Alternative zum Abstieg zu Fuß für alle ab zehn Jahren.

Der Aufstieg zum Gipfel kann zu Fuß, per Mountainbike oder ganz bequem mit der Wurmbergseilbahn erfolgen. Von deren Kabinen aus genießt du einen weiten Blick über das Harzvorland. Auch Kinder- oder Bollerwagen, Hunde, Bikes oder Schlitten werden befördert. Oben zieht es die Kids gleich zur Berg-Erlebniswelt. Mit dem Harz als Kulisse lässt das große Areal zum Spielen und Toben mit Erdrutschhügel, Wassertreppen, Sand-Spielflächen und mehr die kleinen Entdeckerherzen höher schlagen. Wechselkleidung nicht vergessen!

Adrenalin pur strömt durch deine Adern, wenn du dich auf die Strecken des größten Bikeparks Deutschlands begibst (bikepark-braunlage.de). Auf zehn Kilometern Gesamtlänge stellen Wurzeln, Steinfelder, enge Kurven, Sprünge und anspruchsvolle Holzelemente dein Können auf die Probe.

Zwischendurch tut eine Pause gut, wie eine Stärkung im Biergarten oder eine ordentliche Hüttengaudi in der Wurmberg-Alm. Im Rodelhaus an der Mittelstation kannst du dir Harzer Gerichte schmecken lassen.

INFOS

Die **WURMBERGSEILBAHN** und der **SESSELLIFT AM HEXENRITT** befördern Wanderer, Ausflügler, Skifahrer und Mountainbiker. wurmberg-seilbahn.de

Erwachsene und Kinder ab 10 Jahren leihen die **MONSTERROLLER** an der Talstation der Wurmbergseilbahn aus. monsterroller.de

Vom 32 Meter hohen **WURMBERGTURM** hat man eine 360-Grad-Sicht mit Blick in die Tiefe durch den Glasbodeneinsatz. Über 30 Meter sorgt die Tunnelrutsche für den rasanten »Abstieg«. wurmbergturm.de

Gemeinsam Höhenmeter sammeln

43

Mountainbike-Paradies

Über Stock und Stein: Tausende Kilometer Strecken von leicht bis extrem, anspruchsvolle Singletrails und faszinierende Ausblicke warten auf dich.

Erst wenn die Waden brennen und die Lunge pfeift, hast du den Harz richtig kennengelernt. Viele unterschätzen unsere Berge mit nur wenigen Gipfeln, die an der 1000-Meter-Marke kratzen. Nur wer sich einmal mit eigener Muskelkraft auf Kästeklippen, Achtermann oder Schalke gequält hat, wird den Ausblick als Belohnung wirklich zu schätzen wissen. Ordentliche Steigungen und schmale, naturbelassene Pfade erfordern Können und Kondition. Nicht umsonst gilt der Harz als größtes Mountainbikeparadies im Norden. Tausende Kilometer ausgewiesene Routen, Downhill-Parks für den abgefahrenen Fahrspaß, geführte Touren von leicht bis extrem, MTB-Rennen und vieles mehr – steig auf und entdecke den Harz per Rad. Vorsicht, Suchtgefahr!

Alles andere als mittelmäßig: Volksbank Arena Harz

Wenn im Gespräch jemand über unsere Berge schmunzelt, dann kannst du mit folgenden Fakten punkten: 74 Routen, 2300 Kilometer Länge, 50 000 Höhenmeter. Das sind allein die Strecken, die in der »Volksbank Arena Harz« ausgewiesen sind, dem Mountainbike-Verband von Kommunen und Sponsoren. Und es gibt noch viel mehr. Unser Mittelgebirge muss sich also nicht verstecken im Gegenteil. Ob als MTB-Neuling oder als Crack, bei diesen Touren ist für jeden etwas dabei. Für Einsteiger lohnt sich die leichte und durch viele Singletrails landschaftlich beeindruckende »Leichte Wassertour« ab Altenau. Kernig und auf einer weniger beachteten Route verläuft die »Himmel & Hölle«-Tour ab Lautenthal. Mit knackigen 1194 Höhenmetern Steigung und mehr als 52 Kilometer Länge zählt sie zum schwersten Dutzend.

Tipps für mehr Fahrspaß

Wanderer und Mountainbiker teilen sich im Harz viele Strecken. Damit dies funktioniert, ist gegenseitige Rücksicht geboten. Letztendlich dient das auch deiner Sicherheit, denn hinter jeder Kurve könnten dir Wanderer, Rehe oder gar ein querliegender Baum begegnen. Mach dich also bei Wanderern frühzeitig bemerkbar. Wähle die Strecke mit Bedacht, damit die Tour zum Genuss und nicht zum Albtraum wird. Anfangs ist weniger mehr. Wenn ihr in einer Gruppe unterwegs seid, dann sollte das schwächste Glied das Tempo angeben, denn nichts ist gefährlicher, als sein Können in unwegsamem Gelände zu überschätzen. Generell gilt das Wegegebot. Bei ruhigem Verhalten sind Wildtierbegegnungen keine Seltenheit. Für Pausen gibt es vielerorts Rast- und Aussichtsplätze oder auch Waldgaststätten.

Reizt dich mal ein Wettbewerb? Dann nimm doch an einem der Mountainbike-Events und -Rennen an vielen verschiedenen Orten teil.

INFOS

VOLKSBANK ARENA HARZ: Alles rund ums Mountainbiken, Touren, Gastgeber, Mountainbike- und E-Bike Service. volksbank-arena-harz.de

MTB FOR FREE: Von Mai bis Oktober werden in Braunlage einmal im Monat freitags geführte MTB-Touren kostenfrei angeboten. Termine auf braunlage.de

DOWNHILL-PARKS: In Braunlage, Hahnenklee, St. Andreasberg, Schulenberg und Thale kommen Downhiller auf ihre Kosten. Sprünge, Schikanen, Trails und ein bequemer Aufstieg per Seilbahn, Sessellift oder Lift. harfzinfo.de

Knifflige Singletrails gibt es im Harz reichlich.

Herausforderung für Technik und Kondition

44

Minigolf im Dunkeln

Kindheitserinnerungen in Wildemann

Erinnerst du dich auch an Aufkleber und Figuren in deiner Kindheit, die nachts bunt leuchteten? Beim GlowGolf in Wildemann kannst du diese Erinnerungen auf besondere Weise aufleben lassen. Hier wird bei Schwarzlicht Minigolf gespielt. In fluoreszierenden Farben erstrahlen die Bahnen mit ihren harztypischen Figuren. In der Hexenküche, im Bergwerk und zu Füßen des »Wilden Manns« gilt es, die ebenfalls im Schwarzlicht leuchtenden Bälle einzulochen. Wie beim klassischen Minigolf gewinnt derjenige, der die Bahnen mit den wenigsten Schlägen absolviert. Doch im Schwarzlicht ist das Zielen um einiges schwieriger. Selina und Simon Hasse haben die Anlage im ehemaligen Kurhaus von Wildemann Ende 2020 übernommen. Im urigen Bistro bieten sie kleine Snacks und Eis für die Stärkung zwischendurch. Stell dich mit deinen Freunden oder deiner Familie der Challenge und lass dich vom GlowGolf-Fieber packen.
glowgolfharz.de

Schwarzlicht-Erlebnis für die ganze Familie

45

Fahrt mit der Grubenbahn

In »Lautenthals Glück« und anderswo rumpelt man per Bahn hinab in enge Stollen, um dem Leben der Bergleute nachzuspüren.

Abenteuer Grubenbahnfahrt

Geschichte wird anschaulich vermittelt.

Es ruckelt und scheppert, wenn sich die historische Grubenbahn im Bergbaumuseum Lautenthals Glück langsam ihren Weg in die Tiefe des Berges bahnt Die vergitterten, niedrigen und engen Waggons sind für Besucher wenig komfortabel und lassen erahnen, wie sich die Bergleute auf dem Weg zur Schicht fühlten. In der aktiven Zeit dieser Grube war allerdings keine Bahn im Einsatz. Hier fuhren die Bergleute bis zum Schluss zu Fuß ein (wenn der Bergmann von »fahren« spricht, ist auch das Gehen gemeint), während andernorts ab dem 19. Jahrhundert die voranschreitende Technik das Handwerk deutlich erleichterte. Auf der harten Holzbank geht es in den Tiefen-Sachsen-Stollen. Das Gestein und der Stollenausbau ziehen dicht an den Gittertüren der Waggons vorbei und instinktiv duckt man den Kopf. Der Grubenführer bringt einen sicher in nur wenigen Minuten vom übertägigen zum untertägigen Grubenbahnhof. lautenthals-glueck.de

Mit dem Boot durch den Berg

In Lautenthal wurde bereits im frühen 13. Jahrhundert Bergbau betrieben. Üppige Silberfunde sorgten für eine Blütezeit Anfang bis Mitte des 16. Jahrhunderts und gaben der Grube ihren Namen: Lautenthals Glück. Bis 1931

Einzigartig im Harz: Erzkahnschifffahrt

wurden hier Erze abgebaut. Spätere Untersuchungen und Forschungen bezüglich der Wiederaufnahme des Bergbaus blieben erfolglos, und so wurde Lautenthals Glück schon Mitte der 1970er-Jahre zum Museum umgestaltet. Die historischen Anlagen blieben erhalten und der ursprüngliche Stollen wurde so saniert, dass er für Besucher begehbar ist. Bei einer Grubenführung erhält man spannende und unterhaltsame Einblicke in die Historie des Bergbaus im Oberharz, Fachbegriffe wie Arschleder oder Scheißkübel inklusive.

Eine weitere Besonderheit in Lautenthal ist die Erzschifffahrt. In einem historischen Wasserlösungsstollen spürt man auf rund 100 Metern Länge, wie es den Bergmännern vor mehr als 100 Jahren erging. Damals transportierten sie das Erz in massiven Kähnen über eine fast vier Kilometer lange Strecke unter Tage bis zum nächsten Schacht. Schon die kurze Tour mit unbeladenem Kahn auf der heutigen Strecke steigert den Respekt vor der schweren und gefahrvollen Arbeit.

Auch in Goslar (siehe Kapitel 6), in Netzkater und in Wettelrode (siehe Kapitel 55) gibt es Grubenbahnfahrten. Zum Ottiliae-Schacht bei Clausthal-Zellerfeld fährt mehrmals im Jahr die Tagesförderbahn.

Wasser, Weite und Stille genießen beim Stand-up-Paddling.

46

Stand-up-Paddling

Still und entschleunigt durch die Landschaft ziehen: Zu solchen Entdeckungstouren laden auch viele Gewässer im und am Harz ein.

Sich mit der Strömung treiben lassen oder aktiv über Seen und Talsperren paddeln – beim Stand-up-Paddling (SUP) nimmst du die Natur aus einem neuen Blickwinkel wahr. Gleichzeitig tust du etwas für Körper und Seele, denn sich stehend auf dem Board fortzubewegen, erfordert Balance und Geschick. Weniger genutzte Muskelgruppen werden angesprochen, was du nach ein paar Stunden spüren wirst. Vorbilder der SUPs könnten asiatische Fischer in ihren Kanus oder auf Bambusflößen gewesen sein oder auch die Surflehrer auf Hawaii. Seit einiger Zeit erobern bei uns Groß und Klein mitsamt vierbeinigem Freund per SUP die Wasserwelt und genießen dabei die freigesetzten Glücksgefühle.

Flusswandern

Auf zahlreichen Teichen und Talsperren im Harz ist Wassersport erlaubt. Die Okertalsperre mit ihren Seitenarmen beispielsweise oder die Innerste- und Sösetalsperre mit ihren kleinen Buchten sind beliebte SUP-Spots. Bei der ruhigen Atmosphäre der grünen Ufer, in Kombination mit dem schillernden Wasserspiegel, kannst du die Seele baumeln lassen. Hinter jeder Biegung warten ein neues Panorama und manchmal auch ein kleines Abenteuer. Sich mit Blick in die Wolken und den Füßen im Wasser treiben zu lassen, bedeutet wahre Entschleunigung.

Ein echtes Highlight ist eine SUP-Flusswanderung auf der Oker von Schladen bis Braunschweig. Du paddelst auf dem breiten Fluss teils durch ursprüngliche Natur, teils mitten durch die Stadt. Das sind besondere SUP-Momente mit unerwarteten Entdeckungen. Zwischen Vienenburg und Schladen in den Naturschutzgebieten Okerauen ist Wassersport jedoch tabu.

SUPs sind vielseitig einsetzbar. Kinder starten lustige Wasserkämpfe oder Wettrennen, Erwachsene nutzen die Bretter für Kraft- und Ausdauertraining und gern auch für Yoga. Die sanften Bewegungen des Boards auf dem Wasser unterstützen die Entspannungsübungen und sind wertvoll für Balance und Tiefenmuskulatur.

Du bist Profi? Oder du wolltest es immer schon mal ausprobieren? Dann gibt es im Harz gleich mehrere Partner, die dir in Kursen die wichtigsten Tricks beibringen oder dir bei geführten Touren die schönsten Reviere zeigen. Für deine individuelle Tour kannst du das Board komplett mit Handpumpe und Paddel im praktischen Rucksack ausleihen. Manche Anbieter liefern es dir auch nach Hause oder in deine Unterkunft und stellen Auto-Elektropumpen und Sitze zur Verfügung.

Der vierbeinige Bootsmann gibt die Richtung an.

INFOS

SUP GOSLAR: Boardverleih und Zubehörshop in Goslar-Jerstedt. Das komplette Equipment im praktischen Rucksack, Gutscheine und auf Anfrage auch Lieferservice bei Gruppenbuchungen über sup-goslar.de.

OUTDOORFRIEND bietet auf der Sösetalsperre Schnupperkurse, Touren sowie einen Fit & Fun-Kurs mit Yogaelementen. Hier kannst du auch ein Big-SUP für bis zu 8 Personen mieten. outdoorfriend.de

Bitte beachte evtl. Einschränkungen aufgrund von **NATURSCHUTZ-GEBIETEN** und Biotopen.

Ultimativer Fahrspaß
mit dem gelände-
gängigen Dreirad

47

Action mit den Mountaincarts

Völlig abgefahren runter ins Tal

Eine geländegängige Mischung aus Gokart und Dreirad und gleichzeitig eine echt abenteuerliche Möglichkeit für einen Abstieg vom Bocksberg in Hahnenklee sind die Mountaincarts. Nach einer kurzen Eingewöhnung kannst du das Fahrgefühl über Stock und Stein, durch den Wald und über die Skipiste hinab ins Tal voll auskosten. Bei den verschiedenen Varianten, wie du dich im Harz auf Talfahrt begeben kannst, darf diese definitiv nicht fehlen. Für Menschen ab 140 cm Körpergröße und bis maximal 110 Kilo Körpergewicht stehen die »Bocksbergcarts« bereit. Scheibenbremsen bieten Sicherheit und die 1,5 Kilometer Fahrstrecke ist viel zu schnell vorbei. Kein Problem. Mit der Seilbahn bist du rasch wieder auf dem Gipfel zu einer zweiten Runde – Vorsicht, Suchtpotenzial! Auf dem Erlebnisbocksberg gibt es zudem eine Sommerrodelbahn, einen Bikepark und weitere Attraktionen. erlebnisbocksberg.de

48

Miner's Rock

Einzigartig, laut und harzverbunden

Der Rammelsberg in Goslar rockt seit 2015 richtig, und zwar bei den vielfältigen Schichten des Miner's Rock. Wenn du kraftvolle Livemusik an einem ebenso kraftvollen Ort erleben möchtest, dann bist du hier genau richtig. In der ehemaligen Schlosserei des bis 1988 betriebenen Bergwerks wird regelmäßig ordentlich abgerockt. Dabei standen schon ganz unterschiedliche Musikgrößen auf der Bühne wie Jan Josef Liefers, VNV Nation, Max Mutzke oder Völkerball. Ihr gemeinsamer Nenner: gute, handgemachte Musik. Das ist es, was die Initiatoren Sören Behme, Christian Burgart, John Callies, Giovanni Graziano und Arkadiusz Szczesniak bieten wollen. Das Ganze in einem historischen Ambiente, das harztypischer nicht sein könnte. Einmal im Jahr findet ein Open-Air-Wochenende statt. Die besondere Stimmung beim Miner's Rock hat sich in Musikerkreisen rumgesprochen. Daher bleibt es spannend, wer zu den nächsten Schichten am Rammelsberg begrüßt wird. miners-rock.de

Bei Livemusik bebt die ehemalige Schlosserei.

49

Durch die Wipfel schweben

Auf Tuchfühlung mit der Natur

Den Brocken im Blick, die Natur zu Füßen und das Laub der Bäume zum Berühren nahe – so schwebst du in Bad Harzburg vom Burgberg hinab ins Tal. Gemächlich und doch nichts für schwache Nerven ist der »Flug« mit der Baumschwebebahn. Bei zwölf bis fünfzehn Stundenkilometern hast du genügend Zeit, den Ausblick zu genießen und im Herbst die unterschiedliche Laubfärbung der altehrwürdigen Buchen und Eichen zu bewundern, an denen du vorbeigleitest. Teils frei in der Höhe, teils ganz nah an den Baumkronen führt die 1000 Meter lange Strecke über rund 170 Höhenmeter und in sanften Serpentinen den Berg hinab.

Um mit dieser Bahn zu fahren musst du 20 bis 120 Kilo auf die Waage bringen und schwindelfrei sein. Und zum Burgberg kannst du bequem mit der Gondel hinauffahren. Nimm dir vor der Abfahrt noch Zeit für einen Spaziergang über den Burgberg mit tollen Ausblicken in das Harzvorland und zum Brocken.
baumschwebebahn-harz.de

Abgefahren: Durch Baumwipfel schweben

50

Mit zwei PS durch den Nationalpark

Gemächlich ziehen Bäume, Sträucher, Felsen und Bachläufe vorbei. Bei einer Kutschfahrt lernst du den Harz auf ruhige Weise kennen.

Herrlich entspannt per Kutsche durch die Harzer Landschaft zuckeln

Während die kräftigen Vierbeiner im gleichmäßigen Tempo voranschreiten, kannst du ganz entspannt die Natur genießen. Dabei ist die Vorstellung von zwei, vier oder vielleicht acht Pferdestärken vor der Kutsche ein Irrglaube. Ja nach Rasse und Konstitution können die stolzen Tiere bis zu 24 PS auf die Straße bringen. Das wird vor allem bei Steigungen deutlich, denn selbst die Route zum Brocken, auf den höchsten Berg vom Harz, schaffen die trainierten Kaltblüter ohne nachzulassen. Von Schierke bis zum Brockengipfel sind es über die Brockenstraße etwa 9 Kilometer und gut 500 Höhenmeter. Eine Fahrt dort hinauf mit dem Planwagen ist eine nostalgische Alternative zur Wanderung, der Fahrt mit der Brockenbahn oder dem Mountainbike.

Landschaftlich vielseitig sind die Planwagenfahrten am Harzrand. Sie führen beispielsweise durch den Nationalpark, von Eckertal bei Bad Harzburg bis nach Ilsenburg, oder auch ins Harzvorland zur Wassermühle Otto in Abbenrode. Die erfahrenen Kutscher teilen mit dir gern ihr Wissen der Region, sie kennen Anekdoten und Sagen und berichten über ihre Erfahrungen mit den Kutschpferden. Bis zu 15 Personen finden Platz auf einem Planwagen, bei größeren Gruppen werden einfach mehrere Gespanne eingesetzt. Die gepolsterten Sitzbänke sind bequem, an kälteren Tagen werden auch Decken zur Verfügung gestellt. Versorgt mit einem herzhaften Picknick und kühlen oder heißen Getränken, wirst du einen fröhlichen und unvergesslichen Ausflug erleben. Übrigens: Auch für eine romantische Zeit zu zweit oder einen kleinen Familienausflug können die Kutschen gemietet werden.

Durch die Stadt oder zum Café

In der historischen Altstadt von Wernigerode und auch zum Schloss hinauf (siehe Kapitel 22) werden Kutschfahrten angeboten. Wenn unter Hufgeklapper die Fahrt durch die schmalen Gassen und an den reich verzierten Fachwerkhäusern vorbeiführt, fühlst du dich in frühere Zeiten zurückversetzt. Eine stilechte Art, die »Bunte Stadt am Harz« zu besichtigen.

Direkt am Nationalpark Harz, im schönen Eckertal, ist das Waldcafé am Jungborn gleichzeitig Stützpunkt für die Kutsch- und Planwagenfahrten von Rüdiger Hasenbalg. Auf dem Hof werden bedrohte Nutztierrassen gezüchtet, Küken, Ferkel, Zicklein und Kaninchen begeistern vor allem die Kinder. Im idyllischen Café kannst du vor oder nach einer Kutschfahrt oder einfach so zwischendurch bei leckerem hausgebackenem Kuchen und deftiger Hausmannskost einkehren. Das Café ist auch ein schönes Ausflugsziel bei einer Wanderung durch das Eckertal und dem Nationalpark Harz.

Einkehren im Waldcafé am Jungborn

INFOS

KUTSCH- UND PLANWAGENFAHRTEN HASENBALG: im Eckertal bei Bad Harzburg. Fahrten für 2 bis 76 Personen. Gemütliches Waldcafé und Nutztier-Arche. kutsch-und-planwagenfahrten.de

Von Schierke aus starten täglich (außer im Winter) verschiedene Fuhrbetriebe zur **BROCKENFAHRT**. schierke-am-brocken.de

STADTRUNDFAHRT WERNIGERODE: Mit dem Pferdefuhrwerk durch die malerische, historische Altstadt und hinauf zum Schloss. wernigerode-tourismus.de

Die große Freiheit spüren beim Gleitschirmfliegen

51

Aus der Vogelperspektive

Ein einmaliger und abenteuerlicher Höhenflug mit Brockenblick erwartet dich beim Tandem-Gleitschirmflug in Stapelburg.

Versierte Pilotinnen und Piloten sorgen für ein sicheres Erlebnis.

Seit mehr als 30 Jahren sorgen Knut Jäger und sein Team von der Harzer Gleitschirmschule für Gänsehautmomente. Sie machen es möglich, dass du ohne Vorkenntnisse in die Luft gehst und aus der Vogelperspektive spektakuläre Blicke auf den Brocken erhaschst. Etwas Mut und Schwindelfreiheit vorausgesetzt, kannst du die Höhenluft richtig genießen.

Los geht es auf dem Airfield Stapelburg. Direkt an der A36, zwischen Bad Harzburg und Wernigerode, hat sich seit Langem ein Treffpunkt für Gleit- und Motorschirmflieger entwickelt. Das ganze Jahr hindurch triffst du hier regelmäßig auf Flugbegeisterte, die mit Geräten aller Art in die Luft starten, vom klassischen Gleitschirm über den Motorschirm mit Rucksackmotor bis hin zum Motorschirmtrike. Was sie alle gemein haben, sind die Glücks- und Freiheitsgefühle, die wir Menschen empfinden, wenn wir leicht wie ein Vogel durch die Lüfte schweben.

Abenteuer Tandemflug

Den Moment vor dem ersten Start, wenn der Puls steigt, die Hände feucht und die Knie weich werden, wirst du nicht vergessen. Du bist eingeklinkt in das Schleppseil der Seilwinde und verbunden mit deinem Tandempiloten

Mit dem Motorschirm bequem in die Luft gehen

oder der -pilotin. Du wartest darauf, dass es losgeht. Dann zieht die Winde an, der Gleitschirm stellt sich auf, dein Flugkapitän gibt noch letzte Instruktionen und jetzt heißt es erst mal laufen. Nur wenige Schritte – und schon strampeln deine Füße in der Luft. Im kontinuierlichen Tempo geht es dank der Seilwinde in die Höhe. Auf rund 250 bis 300 Metern wird dann ausgeklinkt und der eigentliche Gleitschirmflug beginnt. Mit etwas Glück hast du einen sonnigen Tag erwischt, blickst weit über den Brocken, die angrenzenden Berge und das Harzvorland. Die Ruhe und Weite sind unglaublich und lassen alle Nervosität des Anfangs vergessen. Stattdessen staunst du nur noch und lässt diesen grandiosen Moment auf dich wirken. Kurz vor Sonnenuntergang ist die Stimmung übrigens noch fantastischer. Wie lange ein Flug dauert ist ungewiss, denn das ist abhängig von der Thermik. Doch dass du dieses Erlebnis nie vergessen wirst, ist garantiert.

Etwas lauter und genauso beeindruckend ist ein Motorschirm-Tandemflug. Bequem hinter deinem Piloten im Doppelsitzer-Trike sitzend, geht es mit 60 bis 70 Stundenkilometern durch die Lüfte. Von 20 Minuten für den Einstieg bis zu 60 Minuten für das ultimative Harz-Abenteuer dauern die Flüge. Lass dich vom Höhenfieber packen! paracenter.de

52

Harzer Jodler

Traditionell und stimmgewaltig

Durch den Wald klingt es: »Hol-la-hu-di«. Zumindest in der Vergangenheit war es so, als Köhler, Holzhauer und Fuhrleute das Jodeln zur Verständigung untereinannder nutzten. Heute gehört es fest zur Tradition im Harz und wird von vielen Folkloregruppe, dem Harzklub und weiteren Musikern gepflegt und vorgeführt. Als Harzfan solltest du dich wenigstens einmal gezielt im Jodeln – oder Dudeln, wie es in manchen Regionen auch heißt – üben. Entweder bei einem Lehrgang, der von einem der Harzklub-Zweigvereine durchgeführt wird, oder ganz zwanglos bei einem musikalischen Nachmittag beim 44-fachen Harzer Jodlermeister Andreas Knopf in Altenbrak. In seiner Pension und Restaurant Zum Harzer Jodlermeister singt und jodelt er regelmäßig mit seiner Gesangspartnerin Martina Weber. In geselliger Runde wird geschunkelt, mitgesungen und mitgejodelt. Im Harz wurde schon 1925 der erste Jodlermeister gekürt. jodlermeister.de

Jodeln, singen und schunkeln beim Jodlermeister in Altenbrak

Kopfüber ins Abenteuer an der Rappbode-talsperre

53

Adrenalin pur

Sie machen ihrem Namen alle Ehre, die Macher von Harzdrenalin, und verschaffen dir unvergessliche Abenteuer an der Rappbodetalsperre.

Wer sich selbst nicht traut, erfreut sich am Spaß der anderen.

Der Ausruf eines Kanadiers *»Aaaaawesome …«* – schallt durch die Luft, als er den Flug mit der Megazipline an der Rappbodetalsperre wagt. Ungewohnt ist das Gefühl, die Kontrolle abzugeben und sich vertrauensvoll ins Geschirr zu legen. Genial ist das Kribbeln im Bauch, wenn die Halterung auslöst und man kopfüber hinab ins Tal saust. Der Flug führt nur etwa einen Kilometer weit und dauert nur eine gute Minute, fühlt sich aber an wie eine Ewigkeit. In 120 Metern Tiefe schlägt das Wasser an die massive Staumauer der Rappbodetalsperre. Der Blick geht weit über Wälder, Wasser und Berge. Stille, nur die Geräusche des Windes begleiten dich. Die Megazipline ist die größte Doppelseilrutsche Europas und gehört zu den großartigsten Abenteuern, die der Harz zu bieten hat.

Das allein war den Brüdern Maik und Stefan Berke jedoch nicht genug. Sie haben sich 2010 entschieden, für noch mehr Nervenkitzel in ihrer Heimat zu sorgen. Und das ist ihnen gelungen. An der Rappbodetalsperre, der größten Talsperre im Harz, haben sie einen Treffpunkt für Wagemutige errichtet.

In den Abgrund

Der Startpunkt der Megazipline ist oberhalb der riesigen Hängebrücke, die parallel zum Staudamm über 458 Meter das Tal überbrückt. Durch die

Sprung in die Tiefe oder doch lieber nur einen Blick wagen?

Gitterroste blickst du in 100 Meter Tiefe. Während über deinem Kopf die Zipliner vorbeifliegen, wunderst du dich vielleicht, dass ein 120 Tonnen schweres Bauwerk durchaus ins Schwanken kommen kann. Ein Spaziergang auf der Hängebrücke fordert deine Sinne und hinterlässt bleibenden Eindruck. Etwa auf der Hälfte der Brücke wartet das nächste Abenteuer: der Gigaswing. 75 Meter im freien Fall! Mehr Adrenalin geht nicht. Allein oder zu zweit kannst du dich hinunterstürzen, gut gesichert an einem starken Pendelseil.

Neu ist der Aussichtsturm Solitair mit einem begeisternden Rundblick. Ein gläserner Bereich gibt dir das echte Gefühl von Weite. Dank Panoramalift ist der Zugang barrierefrei. Für deinen nächsten Adrenalinkick kannst du beim Wallrunning kopfüber den 38 Meter hohen Aussichtsturm hinunter »spazieren«.

Abenteuer macht hungrig. In der »Fettluke« kannst du coole Sachen probieren, hier gibt es frisches, regionales Fingerfood, das mit der Regionalmarke »Typisch Harz« ausgezeichnet wurde (fettluke.de). Und im Blockhaus mit Shop findest du gleich noch Andenken an dein Harzdrenalin-Abenteuer. Wem das alles aber zu viel ist, der nutzt den Aussichtspunkt an der Rappbodetalsperre und beobachtet das bunte Treiben mit etwas Abstand. harzdrenalin.de

Flink und wendig geht es auf Tour mit dem Ziesel.

54

Ziesel-Fahrspaß

Flink wie ein Wiesel durchs Gelände

Etwas spacig sehen sie aus, die Ziesel, die geländegängigen Elektrofahrzeuge mit großem Fun-Faktor. In Stiege im Oberharz kannst du bei Ramona diesen einzigartigen Fahrspaß erleben. Mit bis zu 30 Stundenkilometern geht es über Stock und Stein, über Schikanen und durch enge Kurven. Dank Elektroantrieb saust du fast lautlos über den 6000 Quadratmeter großen Offroad-Park. Nach einer kurzen Eingewöhnung sind die extrem wendigen Raupenfahrzeuge per Joystick spielerisch zu lenken. Die Erfindung stammt aus Österreich und macht weder vor starken Steigungen noch vor Schneewehen halt. Für eine Ziesel-Fahrt gilt eine Mindestgröße von 1,40 Meter und ein Maximalgewicht von 120 Kilo. Auch Rollstuhlfahrer können die Fahrzeuge nutzen. Mit Mofa-Führerschein als Mindestanforderung kannst du bei geführten Touren den Ziesel im natürlichen Terrain testen. Kleinere Kids starten mit den Elektrobuggys auf einem separaten Areal. crude-harz.de

55

Seilfahrt im Röhrigschacht

Mit dem Förderkorb in die Dunkelwelt

Laut scheppernd schließt sich die Tür des Förderkorbs. Es ruckelt kurz, dann setzt er sich in Bewegung. Mit 3,25 Metern pro Sekunde, was knapp 12 Stundenkilometern entspricht, gleitet er hinab in die Dunkelheit. Das Erlebniszentrum Bergbau Röhrigschacht in Wettelrode bei Sangerhausen ist das einzige Bergwerksmuseum im Harz, in dem eine Fahrt mit dem Förderkorb möglich ist. Während die Schachtwand an dir vorbeisaust, berichtet der Grubenführer im Halbdunkeln über die Zeit bis 1956, als hier noch Kupferschiefer abgebaut wurde. Die Seilfahrt transportiert dich bis in 283 Meter Tiefe auf die erste Sohle der Grube. Mit einer Grubenbahn, deren Dach für ein besseres Fahrgefühl demontiert wurde, geht es dann auf eine Originalstrecke der 1880er-Jahre. Hier bekommst du einen anschaulichen Einblick in die harte Arbeit der Bergleute. Für Abenteuerlustige werden gleich mehrstündige Expeditionen angeboten.
roehrigschacht.de

Im original Förderkorb geht es hinab in die Tiefe.

56

Märchenhafter Oderteich

Historisches Kleinod im Nationalpark

Wenn Nebelschwaden über den Teich ziehen oder der Vollmond sich nachts im klaren Wasser spiegelt, dann erlebst du die wahre Magie des Oderteichs. Im 18. Jahrhundert von Bergleuten angelegt, gehört er zu den ältesten Talsperren der Region und ist Teil des UNESCO-Welterbes im Harz. Auf schmalen, überwiegend naturbelassenen Pfaden und urigen Bohlenstegen kannst du den Teich einmal umrunden. Vorbei an schmalen Wildbächen, geheimnisvollen Granitfelsen und sensiblem Moorgebiet wanderst du durch den Nationalpark. Hier darf die Natur Natur sein, und so erlebst du die Entwicklung und Wandlung des Waldes hautnah. Auf abgestorbenen Fichtenstämmen wachsen Moose und junge Bäumchen. Der Oderteich ist ein malerischer Kraftort. Zu jeder Jahreszeit wird er dich mit ganz unterschiedlichen Stimmungen überraschen. An heißen Sommertagen kannst du dich hier abkühlen oder mit Familie und Freunden ein Picknick starten. Müll bitte mitnehmen!

Außergewöhnliche
Abendstimmung
am Oderteich

57

Goslar-Panorama

Von der Marktkirche eröffnet sich ein traumhafter Blick

Auf der kleinen Aussichtsplattform auf dem Nordturm der Marktkirche stürmt es ganz schön. Wenn die mächtigen Glocken die Uhrzeit schlagen, kommt selbst dieser massive Bau leicht ins Schwanken. Für den beschwerlichen Aufstieg über 232 Treppenstufen wirst du mit einem außergewöhnlichen Panorama von Goslar belohnt. Die historische Altstadt, die zum UNESCO-Welterbe zählt, liegt dir zu Füßen. Das imposante Gebäude der Kaiserpfalz, die zahlreichen Kirchen, die trutzigen Wehrtürme, der Rammelsberg – aus rund 50 Metern Höhe wirkt alles klein und überschaubar. Besonders schön ist der Blick abends in der Advents- und Weihnachtszeit, wenn die Stadt im Lichterglanz erstrahlt und auf dem Marktplatz und dem Schuhhof der Weihnachtsmarkt stattfindet (siehe Kapitel 38). Die Weule-Uhr von 1848 mit ihren vielen Zahnrädern ist ein faszinierendes Detail auf dem Weg nach ganz oben. Aber auch ein Blick in das Innere der Marktkirche aus dem 12. Jahrhundert lohnt sich unbedingt.
marktkirche-goslar.de

Ein UNESCO-Welterbe aus der Vogelperspektive erleben

58

Unter Mord-verdacht

Mitreißende Krimis aus dem Harz

Eine Frau in Bad Harzburg verschwindet spurlos. Ein geheimnisvoller Mord versetzt Clausthal-Zellerfeld in Schrecken. Doch die eigenwilligen Ermittlungen von Lilly Höschen aus Lautenthal, der schrullig-liebenswerten »Miss Marple vom Harz«, bringen schließlich die Wahrheit ans Licht. Harzkrimis bieten reichlich Lesestoff. Fesselnd, überraschend, gruselig, grausam oder lustig und stets mit einem liebevollen Bezug zur Region, bringen die 14 Autoren um Herausgeber und Autor Helmut Exner ihre Leser um den Schlaf. In packenden und auch amüsanten Lesestunden reist du mal ganz anders und auf ungewöhnliche Weise durch den Harz. Viele der Tatorte werden dir als eingefleischtem Fan der Region bekannt vorkommen – und zugleich wieder fremd, denn die spannenden Geschichten lassen manches so ganz anders erscheinen.

Mehr als 50 Harzkrimis begeistern ihre Fangemeinde. Bei regelmäßigen Lesungen kannst du die Autoren und ihre Werke besser kennenlernen. Immer ein wunderbarer Lektürespaß, sei es vor, während oder auch erst nach deiner Reise. harzkrimis.de

Merkwürdige Vorfälle locken Krimifans in den Harz.

Tatort Harz: Spielfilmreihe »Harter Brocken«

59

Harter Brocken

Tatort-Feeling in der Bergstadt

Was 2015 als Einzelverfilmung begann, hat sich mittlerweile fast zum harzeigenen *Tatort* entwickelt. Die Spielfilmreihe *Harter Brocken* lockte mit ihren bisher sechs Folgen insgesamt mehr als 36 Millionen Zuschauer vor den Fernseher. Für den echten Harzfan gehört es einfach dazu, den eigentümlichen Bergstadtpolizisten Frank Koops alias Aljoscha Stadelmann bei seinen Ermittlungen zu begleiten. Drehort ist die kleine Bergstadt Sankt Andreasberg, ein Ortsteil von Braunlage. Neben den turbulenten, spannenden und amüsanten Geschichten wirst du auch viele Orte und Plätze im Harz wiederentdecken. Und vielleicht sogar das eine oder andere bekannte Gesicht, denn wenn das Filmteam vor Ort dreht, sind auch zahlreiche Sankt Andreasberger als Komparsen mit von der Partie. Als Wirt der Filmgaststätte »Schöckinger« steht zum Beispiel der ehemalige Bürgermeister der Bergstadt, Hans-Günter Schärf, hinter der Theke. Ein siebter Teil der Reihe wird 2022 ausgestrahlt, weitere Infos und Filme in der ARD-Mediathek.

60

Harzkinder

Zeig deine Liebe zu dieser Region

Der Harz ist verstaubt, spießig, langweilig, altbacken? Diese Zeiten sind längst vorbei, immerhin haben inzwischen zu viele Menschen, junge und alte, ihr Herz an die Region verloren. Echte Heimatliebe und Harz-Leidenschaft – das schweißt sie zusammen. Um dem Bekenntnis zu dieser Region auch ein Gesicht zu geben, entstand 2015 die PR-Initiative »Harzkind«. Ausgelöst durch eine (erneute) negative Berichterstattung wurden jetzt zahlreiche schwungvolle und medienwirksame Aktionen gestartet, um das Bewusstsein für den Harz wieder aufleben zu lassen. »Home is where your Harz is«, lautete das Motto und trat geradezu eine Lawine positiver Reaktionen los.

Werde auch du zum »Harzkind«! Diese große Liebe lohnt sich und wird dich sicher nicht enttäuschen. Mit coolen Shirts, Hoodies und praktischen Accessoires, nachhaltig und fair produziert, zeigst du Flagge. Gleichzeitig unterstützt du bei einem Kauf die Aufforstung des Harzes mit dem Projekt »Klima-Aktion-Wald« der Niedersächsischen Landesforsten sowie den Gedanken der Gemeinwohl-Ökonomie. harzkind.de

Cool und sexy:
Werde auch du zum
Harzkind!

Register

Impressum

Verantwortlich: Claudia Hohdorf
Lektorat: Juliane Braun
Korrektorat: Christiane Gsänger
Layout: Elke Mader
Umschlaggestaltung: Mathias Frisch
Repro: LUDWIG:media
Herstellung: Alexander Knoll
Printed in Slovenia by Florjancic

★★★★★

Sind Sie mit diesem Titel zufrieden? Dann würden wir uns über Ihre Weiterempfehlung freuen. Erzählen Sie es im Freundeskreis, berichten Sie Ihrem Buchhändler, oder bewerten Sie bei Onlinekauf. Und wenn Sie Kritik, Korrekturen oder Aktualisierungen haben, freuen wir uns über Ihre Nachricht an Bruckmann Verlag, Postfach 40 02 09, D-80702 München oder per E-Mail an lektorat@verlagshaus.de.

Unser komplettes Programm finden Sie unter

www.bruckmann.de

In diesem Buch wird aus Gründen der besseren Lesbarkeit das generische Maskulinum verwendet. Weibliche und anderweitige Geschlechteridentitäten werden dabei ausdrücklich mitgemeint, soweit es für die Aussage erforderlich ist.

Bildnachweis: Alle Bilder stammen von Dirk Bartschat, mit Ausnahme von: Gleisbergs.de, S. 10/11; Wolfshäger Hexenbrut (Antje Wedde/Jan Abraham), S. 12/13; HöhlenErlebnisZentrum Bad Grund, S. 30/33; Der Windbeutel-König®, S. 45 o.; @arnumal Arnulf Quint, S. 63; Miriam Fuchs, S. 65; Schloß Wernigerode® GmbH S. 74/75 (Mediennetzwerk Harz), 76 (Janos Stekovics), 77 (Henrik Bollmann); Fotostudio Ulrich Schrader, S. 81; Kulturstiftung Sachsen-Anhalt, Domschatz Halberstadt, Foto Bertram Kober/Punctum, S.82/83, 85; Elmar Egner M.A., Domschatz Quedlinburg, S. 84; Jürgen Meusel, S. 133; Kristalltherme »Heißer Brocken« GmbH, S. 134 (2)
Umschlagvorderseite: Rendezvous im Bodetal
Umschlagrückseite: Kopfüber zur Rappbodetalsperre

Die Deutsche Nationalbibliothek verzeichnet diese Publikation in der Deutschen Nationalbibliografie; detaillierte bibliografische Daten sind im Internet über http://dnb.d-nb.de abrufbar.

Infanteriestraße 11a
80797 München

ISBN 978-3-7343-2321-8